Mentor Lernhilfe
Band 15
Deutsch

Bausteine und Spielregeln unserer Sprache

Grammatik für die 5./6. Klasse

Von Antje Kelle

Mit Lösungsteil zum Heraustrennen

Mentor Verlag München

Antje Kelle: Oberstudienrätin am Gymnasium

Illustrationen von Susanne Becker

Auflage:	8.	7.	6.	5.	Letzte Zahlen
Jahr:	1992	91	90	89	maßgeblich

Druck: Druckhaus Langenscheidt, Berlin
Printed in Germany. ISBN 3-580-64150-6

Vorwort

Grammatik — was ist das eigentlich?

Wenn du etwas erzählst, so geschieht dies meist „automatisch". Du weißt zwar, was du sagen willst; es ist dir jedoch beim Sprechen nicht bewußt, welche einzelnen Wörter du verwendest und nach welchen Spielregeln du dich dabei richtest.

Um uns klarzumachen, was Grammatik ist, wollen wir unsere Sprache mit einem Haus vergleichen:

Zum Hausbau benötigt man viele einzelne Bauteile, das Baumaterial; und damit die Bauteile für bestimmte Anforderungen geeignet sind, braucht man verschiedene Materialarten, wie z. B. Stein für Wände und Treppen, Glas für Fenster, Holz für Türen und Fensterrahmen. Auch beim Sprechen benötigt man viele einzelne Bauteile, die Wörter, die in verschiedenen *Wortarten* vorrätig sind, wie z. B. Hauptwörter (Substantive) für Gegenstände, Zeitwörter (Verben) für Tätigkeiten und Eigenschaftswörter (Adjektive) für besondere Merkmale von Gegenständen.

Und wie man beim Hausbau nach und nach bestimmte, in sich geschlossene Bau-Abschnitte fertigstellen kann — wie z. B. eine Fensterfront aus Stein, Glas und Holz —, so kann man auch beim Sprechen bestimmte, in sich geschlossene Sinn-Abschnitte bilden: den *Satz.*

Daß für einen solchen Bau-Abschnitt eines Hauses die einzelnen Teile nicht alle in der Form verwendet werden können, in der sie geliefert werden, leuchtet ein; so müssen beispielsweise Steine behauen und Holzleisten an den Enden bearbeitet werden, damit sie zu einem Fensterrahmen zusammengefügt werden können, während Nägel dagegen ohne Veränderung benutzt werden. Dasselbe geschieht auch mit unserem Wortvorrat, wenn wir einen Satz bilden: Einige Wörter können sich der Aufgabe, die ihnen innerhalb eines Satzes zukommt, anpassen und ihre äußere Form verändern, andere dagegen behalten in jedem Satzzusammenhang dieselbe Form.

Damit nun das Haus auch sicher steht, müssen sich die Bauarbeiter nach einem festen Bauplan richten, den der Architekt ausgedacht und der Ingenieur berechnet hat. Solcher Plan zeigt, in welche Form die einzelnen Bauteile für jeden Bau-Abschnitt gebracht werden müssen und wie die einzelnen Bau-Abschnitte dann das ganze Haus ergeben. Beim Sprechen sind wir Architekt, Ingenieur und Bauarbeiter in einer Person. Wir richten uns in unserer Sprache nach einem festen *Bauplan.* Das ist unsere *Grammatik.*

Die Kenntnis grammatischer Zusammenhänge hat einen wichtigen *praktischen Nutzen:* Sie erleichtert das Erlernen einer *Fremdsprache.*

Antje Kelle

Inhalt

Inhalt

1 Wortarten
1.1 Wortvorrat

1.1 Wortvorrat: Wir haben eine große Auswahl

Unser Wortvorrat ist groß. Die verschiedenen Arten sind überschaubar: Es sind genau 10 Wortarten, die wir jetzt kennenlernen wollen.

Das Verb/Tätigkeitswort

In dieser Minute

In der Minute, die jetzt *ist* —
Und die du gleich nachher *vergißt*,
Geht ein Kamel auf allen vieren
Im gelben Wüstensand *spazieren*,
Und auf den Nordpol *fällt* jetzt Schnee,
Und tief im Titicacasee
Schwimmt eine lustige Forelle.
Und eine hurtige Gazelle
Springt in Ägypten durch den Sand.
Und weiter weg im Abendland
Schluckt jetzt ein Knabe Lebertran.
Und auf dem großen Ozean
Fährt wohl ein Dampfer durch den Sturm.
In China *kriecht* ein Regenwurm
Zu dieser Zeit zwei Zentimeter.
In Prag *hat* jemand Ziegenpeter.
Und in Amerika *ist* wer,
Der *trinkt* grad seine Tasse leer,
Und hoch im Norden irgendwo,
Da *hustet* jetzt ein Eskimo,
Und in Australien — huhu —
Springt aus dem Busch ein Känguruh.
In Frankreich aber *wächst* ein Baum
Ein kleines Stück, man *sieht* es kaum,
Und in der großen Mongolei
Schleckt eine Katze Hirsebrei.
Und hier bei uns, da *bist* nun du
Und *zappelst* selber immerzu,
Und wenn du das nicht *tätest*, *wär*
Die Welt jetzt stiller als bisher!

Eva Rechlin

Du siehst: Irgendwo auf der Welt *geschieht* immer etwas. Irgendjemand *tut* gerade etwas, irgendetwas *bewegt* sich gerade. Die Welt *steht* nie still.
Um über diese Ereignisse sprechen zu können, steht uns eine besondere Wortart zur Verfügung: das **Zeitwort.** Warum es Zeitwort heißt?
Stell dir vor, du möchtest ein Stück Kuchen essen. Da gibt es einen Zeitpunkt, an dem das Stück Kuchen noch einladend auf dem Teller liegt und du noch gar nicht mit dem Essen angefangen hast; es folgt dann eine Zeit, in der du den Kuchen Stück für Stück genießt; und danach ist das Stück Kuchen verzehrt und die Essenszeit vorbei. Genauso verhält es sich mit allen übrigen Ereignissen auf der Welt: Sie geschehen in der Zeit; wenn sie geschehen, vergeht Zeit.
Da viele dieser Wörter für Tätigkeiten (für

1 Wortarten

1.1 Wortvorrat

das, was wir tun) verwendet werden, nennt man sie auch **Tätigkeitswörter** oder **Tuwörter.** Wir wollen im folgenden den Ausdruck **Verb** verwenden. (Diese Bezeichnung kommt aus dem Lateinischen und bedeutet wörtlich: „das Wort“. Offensichtlich handelt es sich also um eine besonders wichtige Wortart.)

Handlungsverben — Vorgangsverben — Zustandsverben

Die meisten Verben sind „echte“ Tätigkeitswörter, d. h. sie bezeichnen eine bewußte Tätigkeit, eine Handlung des Menschen, wie

arbeiten bauen nachdenken drücken hobeln klopfen reiben kneten lesen erzählen schreiben singen rechnen.

Die Verben für solche bewußten Handlungen heißen

Handlungsverben.

Nun gibt es aber auch Vorgänge, die wie von selbst ablaufen, wie

wachsen blühen leben rollen fallen pendeln kreisen regnen schneien hageln blitzen dämmern.

Die Verben für solche Vorgänge heißen

Vorgangsverben.

Einige Ereignisse verändern sich so wenig, daß man von Zuständen spricht:

bleiben wohnen heißen ruhen beharren dauern sein bestehen liegen sitzen hocken stehen verweilen.

Die Verben für Zustände heißen

Zustandsverben.

Vollverben — Hilfsverben

Fast alle Verben sind vollwertige Wörter, d. h. sie sind vollständige Bezeichnungen für eine Handlung, einen Vorgang oder einen Zustand und haben als selbständige Wörter einen Sinn:

Die Mutter **kocht.**
Der Wasserhahn **tropft.**
Heidelberg **liegt** am Neckar.

Man bezeichnet sie als

Vollverben.

Vollverb
Hilfsverb

Eine kleine, aber wichtige Gruppe von Verben ist nur mit Hilfe eines weiteren Wortes in der Lage, einen verständlichen Sinn zu bekommen, z. B.

Peter **ist** ....
Susi **hat** ....
Das Lied **wird** ....

Sie heißen **Hilfsverben.**

Wie sie durch Ergänzungen sinnvoll werden, zeigen folgende Beispiele:

Peter ist groß.
Susi hat gelacht.
Das Lied wird gesungen.

(**Anmerkung:** Es gibt einige Ausnahmefälle, in denen solche Hilfsverben auch einmal als Vollverben verwendet werden können; sie nehmen dann die Bedeutung eines anderen Wortes, eines Vollverbs, an. So meint beispielsweise der Satz „Peter **ist** in Düsseldorf" eigentlich „Peter **befindet** sich in Düsseldorf"; und der Satz „Susi **hat** ein spannendes Buch" bedeutet eigentlich „Susi **besitzt** ein spannendes Buch".)

Übungen

1.1 Die nachstehenden Wortreihen enthalten in jeder Zeile ein **Kuckucksei,** d. h. ein Wort, das kein Verb ist. Wenn du es findest, unterstreiche es.

1. unterscheiden — erkennen — beobachten — verschieden — einteilen

2. Geräusch — bellen — krähen — zwitschern — quaken

3. baden — tauchen — herrlich — genießen — vergnügen

1 Wortarten
1.1 Wortvorrat

1.2 Auch in den folgenden Tabellen gibt es **Kuckuckseier** zu entdecken. Dort steht nämlich in jeder Spalte ein Wort, das nicht zur Überschrift paßt. Streiche es durch.

Handlungsverben	**Vorgangsverben**	**Zustandsverben**
drücken	wehen	liegen
öffnen	flattern	sitzen
knarren	herunterfallen	stehen
schließen	aufheben	gehen

1.3 Fallen dir noch andere Verben ein, die nur mit Hilfe eines weiteren Wortes einen Sinn bekommen? Wenn du jeden Punkt durch einen Buchstaben ersetzt, findest du sie:

. ü r . . .	s o . . . .
w . . l . .	. ö n . . .
m ö . . .	. . s s . .

1.4 Damit du einen Eindruck davon bekommst, wie unerschöpflich groß unser **Vorrat an Verben** ist, schlage ich dir ein Wettspiel vor, das du mit dir allein (oder auch mit anderen) spielen kannst. Überlege dir, mit welchen Wörtern man ausdrücken kann, daß jemand spricht. (Wir haben eigene Wörter für leises Sprechen, für lautes Sprechen, für unfreundliches Sprechen usw.) Sieh auf deine Uhr und schreibe soviele Wörter auf, die man anstelle des Wortes *sprechen* verwenden kann, wie dir in 10 Minuten einfallen. Wenn du mehr als 20 Wörter in diesem Zeitraum gefunden hast, dann darfst du sehr zufrieden mit dir sein.

Substantiv/ Hauptwort

Solche Wörter mit ähnlichem Sinn nennt man sinnverwandte Wörter; sie bilden zusammen ein **Wortfeld.**

Das Substantiv/Hauptwort/Namenwort

Ob die Verkäuferin wohl den Kunden versteht? Die Verständigung wäre sicherlich leichter, wenn der Kunde die Waren, die er kaufen möchte, bei Namen nennen würde. Dafür besitzt unsere Sprache nämlich **Namenwörter,** die man auch **Dingwörter, Hauptwörter, Nomen** oder **Substantive** nennt. Diese **Substantive** sind Namen für alles, was es auf der Welt gibt.
Was gibt es denn alles auf der Welt?

Sinnendinge (Konkreta) — Gedankendinge (Abstrakta)

Auf unserer Welt gibt es viele Lebewesen	Menschen, Tiere und Pflanzen
und viele Dinge	Gegenstände, Sachen,
die wir mit unseren fünf Sinnen wahrnehmen können; wir können sie	
sehen	z. B. die Sonne,
hören	z. B. die Menschen,
anfassen	z. B. die Steine,
riechen	z. B. die Blumen,
und schmecken	z. B. die Brombeeren.

1 Wortarten

1.1 Wortvorrat

Manches können wir auch mit mehreren Sinnen zugleich wahrnehmen, z. B. eine *Flöte*, da man sie sehen, hören und anfassen kann. Für jedes Lebewesen und für jedes Ding hat unsere Sprache einen Namen; so heißt das Tier, das uns mittags freundlich anbellt, *Hund*, und das runde Ding, mit dem wir so gern spielen, *Ball*. Man sagt hierzu **Sinnendinge (Konkreta).**

Nun können wir aber nicht alles, was es auf der Welt gibt, mit unseren Sinnen wahrnehmen; vieles können wir nur denken und uns nur vorstellen. Beispielsweise sind Freundschaft Frühling Erdkunde keine „richtigen" Dinge, die man mit den Sinnen greifen kann, sondern **Gedankendinge (Abstrakta),** die man nur in Gedanken *be-greifen* kann. Weitere Abstrakta sind Freude Angst Ehrlichkeit Lüge Krieg Frieden Stunde Sekunde Gleichheit Unterschied.

Eigennamen

Einiges auf der Welt ist nur ein einziges Mal vorhanden. Es ist einmalig und bekommt deshalb einen eigenen Namen, einen **Eigennamen.** So kommen z. B. die Flüsse Mississippi, Nil und Donau nur einmal auf der Landkarte vor, und die Namen Winnetou Old Shatterhand Old Surehand beziehen sich ausschließlich auf die Personen in Karl Mays Büchern.

Weitere Beispiele für Eigennamen liefern
Länder wie Frankreich, England,
Gebirge wie die Alpen, der Himalaya,
Personen wie Johann Wolfgang Goethe, Friedrich Schiller.

Artname, Gattungsname, Eigenname

Artnamen

Das meiste auf der Welt ist mehrfach vorhanden. Es gibt nicht nur einen einzigen *Fluß*, sondern viele Flüsse, und nicht nur einen einzigen *Indianer*, sondern zahlreiche Indianer. So verwundert es nicht, daß die Sprache diejenigen Lebewesen und Dinge, die wichtige Eigenschaften gemeinsam haben, die also eine *gemeinsame Art* besitzen, mit demselben Namen, dem **Artnamen** bezeichnet. So heißen alle Gegenstände, die aus Wachs und einem Docht bestehen, *Kerze* und alle Menschen, die in Europa wohnen, *Europäer*. Jedes Ding, das zur Zeitmessung geeignet ist, hat den Artnamen *Uhr*, und jede Pflanze mit einem Stamm hat den Artnamen *Baum*.

Gattungsnamen

Lebewesen und Dinge ähnlicher Art gehören zu einer Gattung, für die der Sprache die **Gattungsnamen** zur Verfügung stehen. Z. B. weisen Stuhl, Tisch und Schrank in einigen Merkmalen eine Ähnlichkeit auf und gehören daher zur Gattung *Möbel*. Auch ein Horn, eine Flöte und eine Trompete sind in gewisser Hinsicht ähnlich und gehören daher zu einer gemeinsamen Gattung: der Gattung der *Blasinstrumente*. Und mit welchen anderen Arten haben die Indianer Ähnlichkeit? Sie sind z.B. der Art der Chinesen, Japaner und Eskimos ähnlich und gehören als Mongolen („Gelbe") mit den Negern („Schwarzen") und den Europäern („Weißen") zur Gattung *Mensch*.

Eigennamen — Artnamen — Gattungsnamen

Mit diesen Substantiven kann man eine Stufenleiter bilden vom Eigennamen über den Artnamen zum Gattungsnamen: *Karl der Große* (ihn gab es nur einmal) hatte mit Kaiser Augustus und Kaiser Barbarossa den Beruf des Kaisers gemeinsam (sein Artname ist also *Kaiser*), und da alle Kaiser Menschen sind, gehörte er zur Gattung *Mensch*.

Andere Substantive könnten so in Verbindung gebracht werden:

Verkehrsmittel
Schiff
„Santa Maria"

Mensch
Kaiser
Karl der Große

Gebäude
Haus
„Weißes Haus"

1 Wortarten
1.1 Wortvorrat

Du siehst, daß unter einem Gattungsnamen mehr Lebewesen und Dinge zusammengefaßt werden als unter einem Artnamen.

Es gibt mehr *Menschen* als *Kaiser*, mehr *Verkehrsmittel* als *Schiffe* und mehr *Gebäude* als *Häuser*.

Sammelnamen (Kollektiva)

Bei den bisher aufgeführten Substantiven handelt es sich um Wörter, die jeweils ein einzelnes Lebewesen oder Ding bezeichnen. So ist das Substantiv *Rose* immer ein Name für jede einzelne Rose und das Substantiv *Zuversicht* ein Name für jede einzelne zuversichtliche Haltung.
Es gibt aber eine Gruppe von Substantiven, die Namen für mehrere Lebewesen oder mehrere Dinge zugleich sind, sozusagen **Sammelnamen.**

So meint das Substantiv Familie stets mehrere Menschen zugleich, und das Wort Wald bezeichnet eine Mehrzahl von Bäumen.

Ähnlich verhält es sich mit Wörtern wie Volk Gesellschaft Menschheit Gruppe Flotte Heer.

Zusammengesetzte Substantive (Komposita)

In der deutschen Sprache hat man die Möglichkeit, mehrere Substantive zu einem einzigen Wort zusammenzufügen. Dadurch kann man ein allgemeineres Grundwort (z. B. Tür) näher bestimmen: Rathaustür Kirchentür Schultür
und ihm eine genauere Bedeutung geben; diese genauere Bestimmung ist außerdem praktisch und kurz: anstatt Tür des Rathauses: Rathaustür.

Sammelname
Komposita

Die neu entstandenen Wörter heißen **Komposita.**
Diese Bezeichnung stammt wieder aus dem Lateinischen und bedeutet: das Zusammengesetzte.

Schreibweise von Substantiven

Substantive werden immer **groß** geschrieben. Bei einem geschriebenen oder gedruckten Text lassen sie sich leicht erkennen, da sie außer dem Satzanfang die einzigen Wörter sind, die groß geschrieben werden.

2.1 Sechs Substantive stellen sich vor:

```
W
E
C G
KUGEL
E ÜBUNG
R C
  KRAFT
      E
      L
      L
      E
      R
```

Welche gehören zur Gruppe der **Konkreta,** welche zu den **Abstrakta?**

Konkreta: ______________________________

Abstrakta: ______________________________

1 Wortarten
1.1 Wortvorrat

2.2 Welchen **Eigennamen** hat die Hauptstadt von England?

Der Eigenname lautet: ______________________

Wie heißt der Mann, der im Jahre 1492 Amerika entdeckt hat?

Der Entdecker heißt: ______________________

2.3 Was ist das?
Es lebt in Afrika und Indien, hat kleine Augen, besonders große Ohren, zwei auffallende Stoßzähne und eine ungewöhnliche „Nase“, die auch zum Greifen geeignet ist.
Alle Lebewesen, die diese Merkmale gemeinsam haben, werden mit dem **Artnamen**

______________________ bezeichnet.

2.4 Löwe, Tiger und Bär haben wenig gemeinsam, sind jedoch in gewisser Hinsicht ähnlich;

sie gehören nämlich alle zur **Gattung** der ______________________ .

2.5 Aus einer Stufenleiter der Substantive kann man eine **Pyramide** bilden, indem man mehrere Stufenleitern zusammenfügt und immer höhere Gattungsnamen findet, z. B.

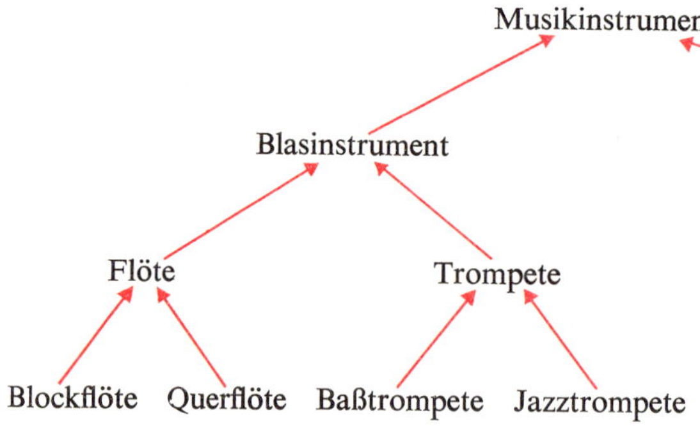

Substantiv

Bilde aus folgenden Substantiven eine Pyramide:

Schlange — Hecht — Wirbeltiere — Schildkröte — Fische — Eidechse — Hai — Kriechtiere — Karpfen

____

________________ ________________

______ ______ ______ ______ ______ ______

2.6 Durch eine kurze Vorsilbe lassen sich einige Substantive zu **Sammelnamen** machen, wobei sich einzelne Buchstaben ändern können. Welche Vorsilbe mag dies sein? (Wenn du die Lösung an den Substantiven *Busch*, *Wolke*, *Stein* erprobst, wirst du die Vorsilbe bestimmt gleich finden.)

Die Vorsilbe heißt________ ; die Sammelnamen zu den genannten Substantiven heißen

nämlich: ____

2.7 Die *Donaudampfschiffahrtsgesellschaftskapitänsgalauniform* ist ein bekanntes Beispiel für „Bandwurmwörter“ der deutschen Sprache. Da solche Komposita unnatürlich sind, wollen wir Wortzusammensetzungen an normalen Beispielen üben.
Wir nehmen ein Kompositum, verbinden dessen zweiten Teil mit einem neuen Substantiv zu einem neuen Kompositum (z. B. Kleiderschnitt — Schnittblumen) und setzen diese Kette fort (z. B. Kleiderschnitt — Schnittblumen — Blumentopf — Topfpflanzen — Pflanzenschutz — Schutzhülle).
In den folgenden Übungen werden jeweils das erste Kompositum (hier: Kleiderschnitt) und das letzte Kompositum (hier: Schutzhülle) genannt; die Substantive, die als Zwischenglieder verwendet werden, befinden sich nicht in der richtigen Reihenfolge (hier: Kleiderschnitt — Pflanze — Topf — Blume — Schutzhülle). Wie sieht nun die Kette der zusammengesetzten Substantive aus?

1 Wortarten

1.1 Wortvorrat

Scherzfrage — Block — Haus — Zeichen — Türgriff

Die *Komposita-Kette* heißt:

Scherzfrage - Zeichen - Block - Haus - Türgriff

Bratkartoffel — Land — Spiel — Acker — Karte — Platzverweis

Die *Komposita-Kette* heißt:

Bratkartoffel - Acker - Land - Karte - Spiel - Platzverweis

Sommerferien — Musik — Koffer — Reise — Radio — Wettbewerb — Teilnehmerzahl

Die *Komposita-Kette* heißt:

2.8 Substantive werden groß geschrieben. In der Druckerei ist ein Setzer heute gar nicht bei der Sache und liefert folgende Wortliste:

lesen	brett	adler	tiger
schuh	leicht	laufen	igel
unterhaltung	spatz	richtig	zerbrechen
lachen	treppe	natur	verlust

Wenn du die *Anfangsbuchstaben* aller falsch gesetzten Wörter hintereinander schreibst, ergibt sich das Wort ______.

Artikel/ Geschlechtswort

Der Artikel/das Geschlechtswort

Jedes Substantiv hat ein Geschlecht, ein **Genus** (lat. genus = Geschlecht); es kann nämlich *männlich/maskulinum* (lat. masculinum = männlich), *weiblich/femininum* (lat. femininum = weiblich) oder *sächlich/neutrum* (lat. neutrum = keines von beiden) sein.
Hierbei haben viele Substantive, die ein Lebewesen bezeichnen, dessen **natürliches Geschlecht.** So haben die Substantive *Mann*, *Vater* und *Sohn* natürlich ein *männliches* Geschlecht, und die Substantive *Frau*, *Mutter* und *Tochter* natürlich ein *weibliches* Geschlecht. Nun sollte man eigentlich vermuten, daß alle leblosen Gegenstände, die ja weder männlich noch weiblich sind, ein neutrales Geschlecht haben, daß also alle Sachen sächlich sind. Dies ist aber selten der Fall, wie folgende Beispiele zeigen:

maskulinum:	femininum:	neutrum:
der Stein	*die* Straße	*das* Zelt
der Turm	*die* Glocke	*das* Flugzeug
der Würfel	*die* Gabel	*das* Bild
der Pinsel	*die* Uhr	*das* Tuch

Eine Regel für die Bestimmung des **grammatischen Geschlechts** gibt es nicht. Aus Gewöhnung sprechen wir meist richtig; in Zweifelsfällen können wir im Duden nachschlagen.
In der Tabelle oben stehen vor den Substantiven, deren Genus bestimmt werden sollte, kleine „Begleiter“. An ihnen läßt sich das Geschlecht ablesen;
es sind **Geschlechtswörter** oder **Artikel.**

Bestimmter (definiter) Artikel — unbestimmter (indefiniter) Artikel

Im Deutschen gibt es zwei Arten von Artikeln: den **bestimmten Artikel**

der — die — das

und den **unbestimmten Artikel**

ein — eine — ein.

Den bestimmten Artikel wendet man an, wenn von einem ganz bestimmten Lebewesen oder Ding die Rede ist. (Z. B. *Die* beste Turnerin unseres Sportclubs hat den 1. Preis gewonnen. Auf *dem* Rhein fahren viele holländische Schiffe.)

Den unbestimmten Artikel wendet man an, wenn irgendein beliebiges Lebewesen oder Ding gemeint ist. (Z. B. *Eine* Katze sollte man nicht reizen. Rolf wünscht sich zum Geburtstag *einen* Fußball.)

Wie unbestimmte und bestimmte Artikel eingesetzt werden, kann man besonders deutlich an den Einleitungssätzen von Märchen erkennen:
„Es war einmal ein König, der hatte *eine* schöne Tochter; sie hieß Laudine. Eines Tages rief er *die* Tochter zu sich und sprach zu ihr ...“
Die Tochter wird zunächst mit dem unbestimmten Artikel *eine* vorgestellt; wenn sie aber dem Leser bekannt ist, erhält sie den bestimmten Artikel *die*.

1 Wortarten
1.1 Wortvorrat

Übungen

3.1 Du kennst sicher das Spiel „Teekesselchen“, bei dem man ein Substantiv raten muß, das zwei Bedeutungen hat, z. B.

das Schild (an der Tür) — *der Schild* (Teil der Rüstung)
das Tor (durch das man geht) — *der Tor* (ein törichter Mensch)

Ordne nun folgende Substantive nach ihrem Geschlecht und schreibe die *beiden Möglichkeiten mit dem jeweils passenden* ***bestimmten Artikel*** dazu:

Leiter, Tau, Bauer, Kunde, Steuer, Gehalt, Stift, Heide, Harz, Flur, See, Weise, Verdienst.

maskulinum	**femininum**	**neutrum**

Artikel/ Geschlechtswort

maskulinum	femininum	neutrum
__________	__________	__________
__________	__________	__________
__________	__________	__________

3.2 Setze in nachstehenden Sprichwörtern die fehlenden Artikel ein und bestimme ihr Geschlecht. Überlege, warum hier gerade **unbestimmte Artikel** stehen.

Besser ________ Spatz in der Hand als eine Taube auf dem Dach. (Der unbestimmte Artikel hat ________________ Geschlecht.)

Wer anderen ________ Grube gräbt, fällt selbst hinein. (Der unbestimmte Artikel hat ________________ Geschlecht.)

Was ________ Häkchen werden will, krümmt sich beizeiten. (Der unbestimmte Artikel hat ________________ Geschlecht.)

Der unbestimmte Artikel ist hier besser geeignet als der bestimmte, weil

____

____

Und weil es Spaß macht:
Wußtest du schon,

- daß *eine* Zeitungsente nicht schnattert?
- daß *ein* Ladenhüter nicht aufmerksam sein muß?
- daß *ein* Fliegenpilz nichts vom Fliegen hält?

1 Wortarten
1.1 Wortvorrat

Das Adjektiv/Eigenschaftswort

Ein Zirkus kommt in die Stadt. Natürlich möchte jeder wissen, was es dort zu sehen gibt. Und so kündigt das Plakat bereits einige besondere Attraktionen der Vorstellung an. Hierzu bedient es sich einer Wortart, die geeignet ist, Besonderheiten einer Sache auszudrücken:
Die Tierbändiger sind *mutig*
und die Wüstenlöwen *wild.*
Die Artisten sind *unübertrefflich*
und die Trapezkünste *tollkühn.*
Die Clowns sind *weltberühmt*,
und die Laune soll *lustig* werden.

Durch solche besonderen Merkmale kann man sich die Darbietungen schon gut vorstellen.

Auch diese Wortart hat mehrere Bezeichnungen:

weil es *Eigenschaften* eines Lebewesens oder eines Dinges kennzeichnet,	**Eigenschaftswort**
weil es sagt, *wie* etwas ist,	**Wiewort**
weil es die besondere *Art* von etwas beschreibt oder	**Artwort**
weil es einem anderen Wort *bei*gefügt wird.	**Beiwort/Adjektiv**

Die Bezeichnung Adjektiv stammt wieder aus dem Lateinischen und bedeutet: hinzugefügt.

Aufgabe eines Adjektivs ist es also, ein Lebewesen oder ein Ding näher zu beschreiben oder – grammatisch ausgedrückt – ein Substantiv näher zu beschreiben. Weil es (wie der Artikel) immer in Begleitung eines Substantivs auftritt, nennt man es auch „Begleiter“. Man verwendet es besonders dann, wenn es auf Genauigkeit ankommt.

Dies läßt sich besonders gut bei Reklame-Texten erkennen, die ja die Vorzüge und herausragenden Merkmale einer Ware genau (und manchmal auch ausschmückend übertrieben) beschreiben, damit der Kunde die Ware kauft. Wörter wie *echt*, *rein*, *gut*, *edel*, *herrlich*, *schön*, *geschmackvoll* gehören zum festen Wortbestand der Werbung.

Adjektiv/Eigenschaftswort, Steigerung

Steigerung von Adjektiven
(Komparation — wörtlich: Vergleichung)

Wenn die Hervorhebung einer Eigenschaft durch ein normales Adjektiv noch nicht ausreicht, so lassen sich die meisten Adjektive auch noch steigern; d.h. außer der **Grundstufe (Positiv)** eines Adjektivs, z.B. *groß, klein, dick, dünn* gibt es eine **Vergleichsstufe (Komparativ).** z.B. *größer, kleiner, dicker, dünner* und eine **Höchststufe (Superlativ).** z.B. der *größte* . . ., der *kleinste* . . ., der *dickste* . . ., der *dünnste* . . .

Solche verschiedenen Grade eines Adjektivs treten klar hervor, wenn man Unterschiedliches miteinander vergleicht:

z. B. Sohn – Vater – Großvater
Bach – Fluß – Strom
Hund – Löwe – Elefant

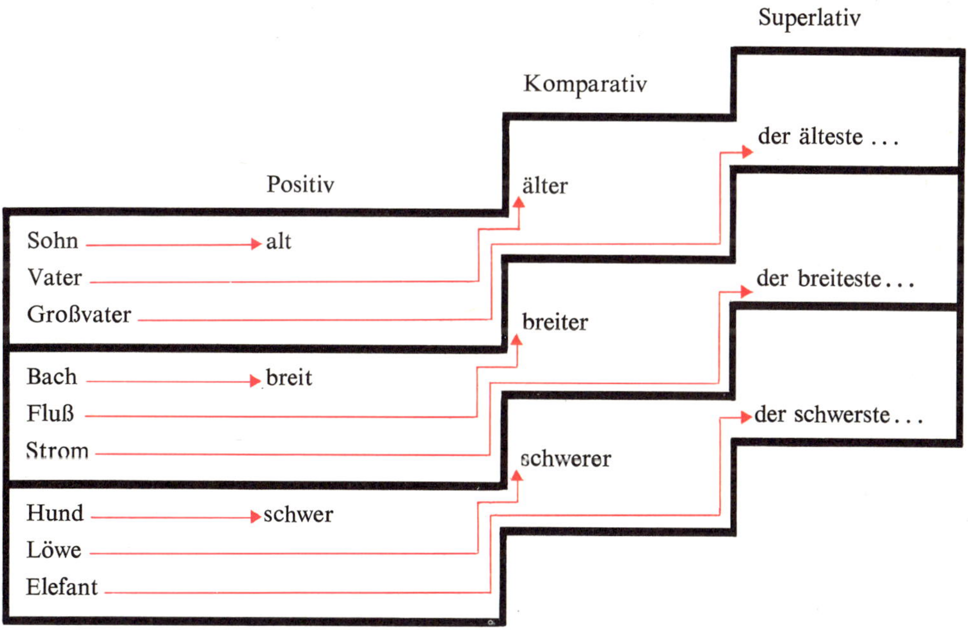

1 Wortarten

1.1 Wortvorrat

Daß einige Adjektive **unregelmäßige Steigerungsformen** haben, ist aus dem täglichen Gebrauch bekannt, z. B.

Positiv	**Komparativ**	**Superlativ**
gut	*besser*	der *beste* . . .
viel	*mehr*	der *meiste* . . .

Daß einige Adjektive sich gar **nicht steigern** lassen, leuchtet ein, wenn man sich ihren Sinn klarmacht, z. B.

tot — ewig — schriftlich.

Abgeleitete Adjektive

Viele Adjektive haben eine auffallende **Nachsilbe (Suffix),** an der man ablesen kann, daß diese Adjektive von einem anderen Wort abgeleitet sind, z. B.

königlich — von *König* abgeleitet
sommerlich — von *Sommer* abgeleitet
holzig — von *Holz* abgeleitet
freudig — von *Freude* abgeleitet
veränderbar — von *verändern* abgeleitet
überprüfbar — von *überprüfen* abgeleitet

Die Endungen dieser Adjektive haben alle eine bestimmte Bedeutung. So bedeutet die Nachsilbe

-lich : Es gleicht/ist von der gleichen Art wie . . .
königlich — Mensch gleicht einem *König,* ist von der gleichen Art wie ein König.
sommerlich — Das Wetter gleicht dem *Sommer,* ist von der gleichen Art wie der Sommer.

-ig : Es enthält/besteht aus . . .
holzig — Der Gegenstand enthält *Holz,* besteht aus Holz.
freudig — Eine Stimmung enthält *Freude,* besteht aus Freude.

-bar : Es kann/hat die Fähigkeit zu . . .
veränderbar — Etwas kann sich *verändern,* hat die Fähigkeit zur Veränderung.
überprüfbar — Etwas kann *überprüft* werden, hat die Fähigkeit zur Überprüfung.

Adjektiv, Ableitung, Substantivierung

Kleine Zauberkunststücke: Adjektive werden zu Substantiven

„Habt ihr schon gehört? Wir bekommen eine Neue in unsere Klasse.“ So tuschelt man in der 6b auf dem Schulhof. „Morgen soll sie kommen.“ „Hoffentlich ist sie nett; auf ’ne Doofe können wir verzichten.“ „Wart’ doch erst mal ab!“ „Neben mir ist noch ein Platz frei; dann habe ich wenigstens wieder eine Nachbarin.“ „Sie soll ganz gut in der Schule sein.“ „Aber bloß nicht zu gut!“ „Dann bekommt der Beste endlich mal Konkurrenz!“ „Ob sie einen abschreiben läßt?“ „Werden wir ja sehen!“ „Die Neue heißt übrigens Gabriele.“

Nanu? enthält dieser Text nicht ein paar Schreibfehler? Stand nicht im vorletzten Kapitel, daß nur Substantive und Satzanfänge groß geschrieben werden? Und jetzt heißt es hier:
eine Neue, ’ne Doofe, der Beste, die Neue.

Des Rätsels Lösung ist einfach: Adjektive lassen sich zu Substantiven umwandeln (man sagt auch: **substantivieren**), indem man einen Artikel davorsetzt; so wird aus dem Adjektiv *neu* das Substantiv *eine Neue* und aus dem Superlativ des Adjektivs *gut* das Substantiv *der Beste*.

Achtung! Du mußt bei diesem kleinen Zaubertrick ein bißchen aufpassen; es gibt nämlich eine Ausnahme:

Die Großschreibung erfolgt nicht, wenn man sich ein eindeutiges Substantiv hinzudenken kann.

Z. B. Welche Farbe ist die schönste (Farbe)? Dies ist keine argentinische Briefmarke, sondern eine brasilianische (Briefmarke). In solchen Fällen ist das Adjektiv nur der Begleiter des gedachten Substantivs und wird klein geschrieben.

Übungen

4.1 Damit sich Michael die Laubhütte gut vorstellen kann, verwendet Thomas zahlreiche **Adjektive**. Suche sie heraus und unterstreiche sie.

Lieber Michael! Tübingen, den 7. 3. 1979

Stell Dir vor, Stefan und ich haben uns gestern eine richtige Baumhütte gebaut. Wir durften uns verschiedene Bindfäden und dicke Seile aus dem Keller holen und zogen damit in unser kleines Wäldchen. Dann suchten wir uns einen geeigneten Baum mit einer breiten Astgabel, sammelten viele Zweige mit dichtem Laub und banden sie so an den benachbarten Ästen fest, daß sie drei Wände bildeten. Die offene Türseite sollte uns zum heimlichen Ausblick dienen. Zum Schluß legten wir als Dach noch einige lange Zweige über und ließen uns auf der gemütlichen Astgabel in unserer grünen Hütte nieder. Wenn Du uns das nächste Mal besuchst, können wir bestimmt dort zu dritt sitzen.

Herzliche Grüße Dein Thomas

4.2 Was ist schwerer — ein Kilo Blei oder ein Kilo Federn??? Laß dich nicht verunsichern: Natürlich ist ein Kilo Blei genauso schwer *wie* ein Kilo Federn.
Aber ...
Fällt im luftleeren Raum ein Geldstück schneller *als* ein gleich großes Stück Papier??? Diese Frage ist schon schwieriger. Kreuze die richtige Antwort an:

Im luftleeren Raum	↓
— fällt ein Geldstück schneller als ein gleich großes Stück Papier.	
— fällt ein Geldstück langsamer als ein gleich großes Stück Papier.	
— fällt ein Geldstück genauso schnell wie ein gleich großes Stück Papier.	

Beim Vergleichen verschiedener Dinge gibt es zwei unterschiedliche **Vergleichswörter** *wie* und *als*. Kannst du aus der Anwendung der beiden Wörter in diesem Übungstext Regeln für ihren Gebrauch aufstellen?

Regel 1:

Beim Vergleichen ______________________ Dinge verwendet man das Vergleichswort *wie*. (Das Adjektiv steht im **Positiv**.)

(Beispiel: Meine Freundin ist genauso alt *wie* ich.)

Regel 2:

Beim Vergleichen ______________________ Dinge verwendet man das Vergleichswort *als*. (Das Adjektiv steht im **Komparativ**.)

(Beispiel: Ein Ferientag ist schöner *als* ein Schultag.)

Pronomen/ Fürwort

4.3 Leite von folgenden Wörtern unter Verwendung einer **Nachsilbe** Adjektive ab und trage sie in die Tabelle ein:

Ecke, Abend, Kind, halten, Sand, entflammen, essen, Geiz, Freund

Nachsilbe *-lich*	Nachsilbe *-ig*	Nachsilbe *-bar*

4.4 Der folgende Text enthält einige Rechtschreibfehler; verbessere sie!

Lesen macht Freude. Wenn man sich in ein spannendes Buch vertieft, vergißt man das alltägliche, und die Welt wird weit. Man reist in Gedanken in ferne Länder, und das fremde erscheint vertraut. Man lernt freundliche Menschen kennen und gefährliche, hilfreiche und verschlagene; das neue hat viele Gesichter. Ein gutes Buch kann so fesseln, daß man gar nicht hört, wenn man beim Namen gerufen wird.

Das Pronomen/Fürwort

Eine Maus saß einmal vor ihrem Mauseloch und blinzelte in die Sonne. Da dachte die Maus: Ach, wäre das Mäuseleben schön, wenn es keine Katzen gäbe, die den Mäusen das Leben so schwer machen. Plötzlich schreckte die Maus auf und ...

Obwohl die Geschichte recht spannend zu werden scheint, macht es wenig Spaß weiterzulesen. Merkst du, woran das liegt?

Lies den Anfang mit kleinen Abwandlungen noch einmal:

Eine Maus saß einmal vor ihrem Mauseloch und blinzelte in die Sonne. Da dachte sie: Ach, wäre das Mäuseleben schön, wenn es keine Katzen gäbe, die uns das Leben so schwer machen. Plötzlich schreckte sie auf und ...

1 Wortarten

1.1 Wortvorrat

Was ist geschehen? Der zweite Text macht von der Möglichkeit unserer Sprache Gebrauch, anstelle schwerfälliger Wortwiederholungen (*eine Maus — die Maus — den Mäusen — die Maus*) an einigen Stellen für das Wort *Maus* ein **Für-Wort (Pro-nomen)** einzusetzen, das als **Stellvertreter** Abwechslung schafft (*eine Maus — sie — uns — sie*). Diese Wortgruppe wollen wir jetzt kennenlernen.
Die Pronomen bilden keine so geschlossene Einheit wie die übrigen Wortarten: Ihre einzige formale Gemeinsamkeit besteht darin, daß sie — wie das Beispiel zeigt— ein Substantiv vertreten können; einige von ihnen können jedoch auch zusammen mit einem Substantiv als dessen **Begleiter** auftreten, z.B. *Dieses Lied gefällt mir.*

Inhaltlich unterscheidet man 6 verschiedene Arten.

1. das Personalpronomen/persönliche Fürwort

Wörter wie *ich du er sie es wir ihr sie* sind als stellvertretende Namen für Personen und Sachen geeignet.

Monika schenkt *mir* einen Blumenstrauß.
Ich stelle *ihn* in eine Vase.

Hierbei kann man jeweils erkennen, ob der Sprecher selbst (**1. Person:** ich/wir) gemeint ist oder eine angesprochene **2. Person** (du/ihr) oder von einer **3. Person** gesprochen wird (er/sie/es/sie.)
Wörter dieser Art heißen **Personalpronomen** oder **persönliche Fürwörter.**

2. das Possessivpronomen/besitzanzeigende Fürwort

Wenn Eva ihren Bruder Martin fragt:
„Tauschst du *deine* Briefmarken gegen *meine* Filzstifte?“ so wird deutlich, daß die Briefmarken Martin gehören und die Filzstifte Evas Eigentum sind.
Die Formulierung *deine Briefmarken* vertritt also den Ausdruck Martins Briefmarken, und *meine Filzstifte* steht für Evas Filzstifte.

Pronomen/ Fürwort

Mit Wörtern wie *mein dein sein/ihr unser euer ihr* können wir den Besitzer einer Sache angeben, ohne ihn ausführlich nennen zu müssen. Solche Wörter sind also **besitzanzeigende Fürwörter** oder **Possessivpronomen.**

3. das Demonstrativpronomen/hinweisende Fürwort

Wollen wir mit Nachdruck auf etwas hinweisen, so können wir dazu die Wortart benutzen, die wie ein sprachlicher Zeigefinger wirkt: das **Demonstrativpronomen** oder **hinweisende Fürwort.**

Beim Sprechen fallen diese Wörter besonders durch ihre deutliche Betonung auf, z. B.

Das hätte ich nicht von dir gedacht!
Dies hättest du mir wenigstens vorher sagen können!
Dann hätte ich nicht *solche* Enttäuschung erleben müssen!

4. das Relativpronomen/bezügliche Fürwort

Die Aufgabe dieser Wortart läßt sich leichter verstehen, wenn man sich klarmacht, daß das Wort *bezüglich* verwandt ist mit dem Wort *Beziehung*. Es handelt sich bei dem **Relativpronomen/bezüglichen Fürwort** nämlich um eine Wortart, die sich immer auf ein vorangehendes Wort *bezieht*.

So bezieht sich beispielsweise in dem Satz.

„Der Film, *den* ich gestern im Fernsehen angeschaut habe, hat mich sehr gefesselt."

das Relativpronomen *den* auf das vorangehende Wort Film;
und in dem Satz

„Das Schiff, *welches* heute vor Anker gegangen ist, fährt morgen nach Genua."

bezieht sich das Relativpronomen *welches* auf das vorangehende Wort Schiff.

1 Wortarten
1.1 Wortvorrat

5. das Interrogativpronomen/fragende Fürwort

Wer hat als erster den Atlantik überflogen?
Wo findet man Bernstein?
Wann wurde die Buchdruckerkunst erfunden?
Wenn wir solche Fragen stellen, bedienen wir uns der

Interrogativpronomen oder **fragenden Fürwörter.**

Man kann sich diese Wortart gut daran merken, daß alle Interrogativpronomen mit dem Buchstaben **w** beginnen, beispielsweise

wer wessen wem wen was für ein welcher wohin womit wodurch wozu warum weshalb.

6. das Indefinitpronomen/unbestimmte Fürwort

Ein Junge ruft ganz aufgeregt: „*Man* hat mir mein Fahrrad gestohlen! *Jemand* hat es sich einfach genommen! Hat denn *niemand* den Dieb gesehen?“ Da der Junge nichts Genaues über den Fahrraddieb weiß, bezeichnet er ihn mit einem **unbestimmten Fürwort,** einem **Indefinitpronomen.**

Diese Wortart verwendet man immer dann, wenn man keine bestimmte Person meint. (Auch im vorangehenden Satz wurde ein Indefinitpronomen gebraucht, weil keine bestimmte Person gemeint ist, sondern irgendeine beliebige Person: *man.*)

Damit du dir die **Fremdwörter für die Pronomen** leichter merken kannst, folgt eine Übersicht über die lateinischen Wörter, von denen sie abgeleitet sind:

lateinisch		**deutsch**	
pro	—	für	(pro-nomen
nomen	—	Name, Wort	— Für-Wort)
persona	—	Person	
possidere	—	besitzen	
demonstrare	—	zeigen	
relativum	—	das auf etwas Bezogene	
interrogare	—	fragen	
indefinitum	—	das nicht näher Bestimmte	

Pronomen

Übungen

5.1 Wie war das noch? In der 1. Person — spricht man von sich selbst, in der 2. Person — spricht man jemanden an, und in der 3. Person — spricht man über eine weitere Person. Und welche Personen nennt der Abzählvers?

Ich und du,
Müllers Kuh,
Müllers Esel,
das bist du.

Der Abzählvers nennt die ____________

und ____________ Person.

Welche **Personalpronomen** müßte man wählen, wenn *Müllers Kuh* und *Müllers Esel* durch einen Stellvertreter ersetzt werden sollten?

Der Stellvertreter für *Müllers Kuh* hieße: ____________________

Der Stellvertreter für *Müllers Esel* hieße: ____________________

Beide Personalpronomen betreffen die ____________________ Person.

5.2 *Silke bekommt von der Brieffreundin eine Einladung. Sie zeigt sie strahlend den Eltern und bettelt: „Bitte, bitte, darf ich die Freundin besuchen?“*

Vermutlich wird dir der Stil dieses kleinen Textes an drei Stellen nicht gefallen; dort erwartet man nämlich die Verwendung eines **Possessivpronomens.**
Schreibe die Sätze noch einmal ab; setze dabei gleich die passenden Possessivpronomen ein und unterstreiche sie.

____

____

____

____

Du merkst, jetzt wirkt der Text viel abgerundeter.

1 Wortarten
1.1 Wortvorrat

5.3 Du darfst dir einen neuen Pullover kaufen. Die Auswahl ist groß. Schließlich hast du dich nur noch zwischen zwei Modellen zu entscheiden. Nach längerem Abwägen nimmst du einen Pullover mit den Worten „Diesen möchte ich haben", während du den anderen mit den Worten „Diesen nicht" beiseite schiebst.
Welches **Demonstrativpronomen** könnte man auch für den Pullover verwenden, der beiseite geschoben wird?

Das Demonstrativpronomen ____________________ wäre hier auch geeignet.

5.4 So ein Pech! Bei der Schnitzeljagd beginnt es zu regnen, und noch sind nicht alle Aufgaben gelöst, die auf den Zetteln stehen. Warum hatte die andere Mannschaft auch keinen Kugelschreiber benutzt!
Nun muß die Verfolgertruppe rätseln, was die verschmierten Buchstaben bedeuten.

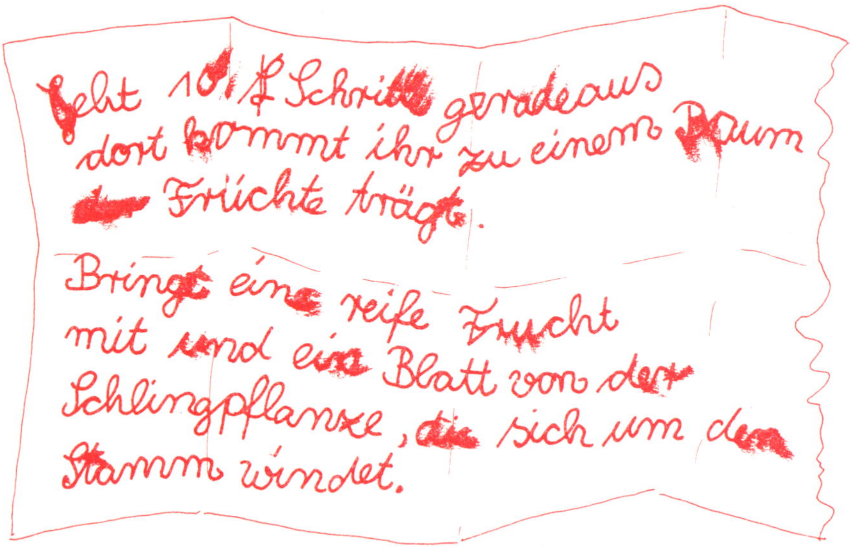

Ob du den Aufgabenzettel entziffern kannst?

Schreibe ihn neu und unterstreiche dabei die **Relativpronomen,** die verwendet werden.

5.5 Wir Wiener Waschweiber wollen weiße Wäsche waschen, wenn wir wüßten, wo warmes Wasser wär'.
In diesem bekannten Zungenbrecher verbirgt sich ein **Interrogativpronomen.** Es lautet:

5.6 Kennst du die Sage von dem griechischen Helden Odysseus, der nach dem Krieg um Troja eine lange Irrfahrt nach Hause erleben mußte? Dann erinnerst du dich bestimmt auch an die List, mit der er den groben Riesen Polyphem täuschte: Er nannte ihm, als dieser ihn nach seinem Namen fragte, einen falschen Namen, nämlich ______

Und was hat diese Geschichte hier zu suchen? Ach so, der erfundene Name ist ein **Indefinitpronomen.**

1 Wortarten
1.1 Wortvorrat

Das Numerale/Zahlwort

Daß es von Bedeutung ist, ob wir mit einer kleinen oder großen Anzahl von Lebewesen oder Dingen zu tun haben, erfahren wir täglich: sei es, daß die Straßenbahn überfüllt ist; sei es, daß die Schneehöhe noch nicht zum Skifahren ausreicht; sei es, daß das Taschengeld fast aufgebraucht ist.

Zum Feststellen von Mengen, zum Zählen, steht uns das **Zahlwort/Numerale** zur Verfügung.

Hierbei unterscheidet man hauptsächlich zwei Gruppen:

1. unbestimmte Zahlwörter

Ist die Größe einer Menge nicht genau bekannt, so läßt sich die Anzahl mit einem **unbestimmten Zahlwort/Numerale** angeben, wie z. B. *einige viele alle.*

Für unsere Verständigung im Alltag reichen solche allgemeinen Mengenangaben oft aus. Möchte man beispielsweise von einem Zoobesuch erzählen, so ist es wichtig, daß *viele* Papageien sich im Freien aufhielten; ob es nun 17 oder 18 Vögel waren, spielt dabei keine Rolle.

2. bestimmte Zahlwörter

Es gibt jedoch auch Anlässe, bei denen genaue Zahlenangaben besonders wichtig sind. So ist es durchaus entscheidend, ob eine Fußballmannschaft 1:1 oder 2:1 gespielt hat und ob man beim Kirschkernspucken *erster* oder *zweiter* geworden ist. Für solche Fälle gibt es das **bestimmte Zahlwort/Numerale,** mit dem sich eine ganz eindeutige Anzahl von Lebewesen oder Dingen festlegen läßt, z. B. *eins zwei drei* usw. oder der *erste zweite dritte* usw.

Wie die genannten Beispiele zeigen, besitzt unsere Sprache zwei verschiedene Arten von bestimmten Zahlwörtern:

Grundzahlen/Kardinalzahlen

Darunter versteht man die **einfachen Zahlen,**
mit denen wir zählen:

eins zwei drei ...

zehn zwanzig ... hundert ...

tausend ... Million ...

Numerale/Zahlwort
Grundzahl, Ordnungszahl

Da dir diese Zahlen alle wohlvertraut sind, folgt eine Übersicht der Grundzahlen von 1 bis 10 in verschiedenen Sprachen:

Deutsch	Englisch	Französisch	Spanisch	Italienisch	Isländisch	Tschech.
eins	one	un	un	uno	einn	jeden
zwei	two	deux	dos	due	tveir	dva
drei	three	trois	tres	tre	þrir	tři
vier	four	quatre	cuatro	quattro	fjórir	čtyri
fünf	five	cinq	cinco	cinque	fimm	pět
sechs	six	six	seis	sei	sex	šest
sieben	seven	sept	siete	sette	sjö	sedm
acht	eight	huit	ocho	otto	átta	osm
neun	nine	neuf	nueve	nove	níu	devet
zehn	ten	dix	diez	dieci	tíu	deset

Ist dir aufgefallen, daß diese Grundzahlen untereinander eine deutliche Ähnlichkeit aufweisen? Daran erkennst du, daß die genannten Sprachen miteinander verwandt sind.

Ordnungszahlen/Ordinalzahlen

Neben den einfachen Zahlen gibt es die **abgeleiteten Zahlen,** die **Ordnungszahlen/Ordinalzahlen,** wie der

erste zweite dritte . . .
zehnte zwanzigste . . .
hundertste . . . tausendste . . . millionste . . .

Diese Ordnungszahlen unterscheiden sich von den Grundzahlen dadurch, daß sie — wie in einer Rangordnung — eine ganz bestimmte Reihenfolge innerhalb der Zahlenreihe festlegen. Spricht man beispielsweise von einem *dritten* Platz bei einem Sportwettbewerb, so ist man sich der besonderen Stelle dieses Platzes (nach dem zweiten und vor dem vierten Platz) sehr wohl bewußt. (Verwendet man jedoch beim Zählen von vorüberfahrenden Eisenbahnwagen die Grundzahl *neununddreißig*, so steht diese Zahl in keinem Zusammenhang mit anderen Zahlen.)

1 Wortarten

1.1 Wortvorrat

Übungen

6.1 Ordne die folgenden **unbestimmten Zahlwörter** nach der Größe ihrer Menge und trage sie in den jeweils passenden Kreis ein:

einige, sämtliche, ein paar, alle, viele, zahlreiche, wenige.

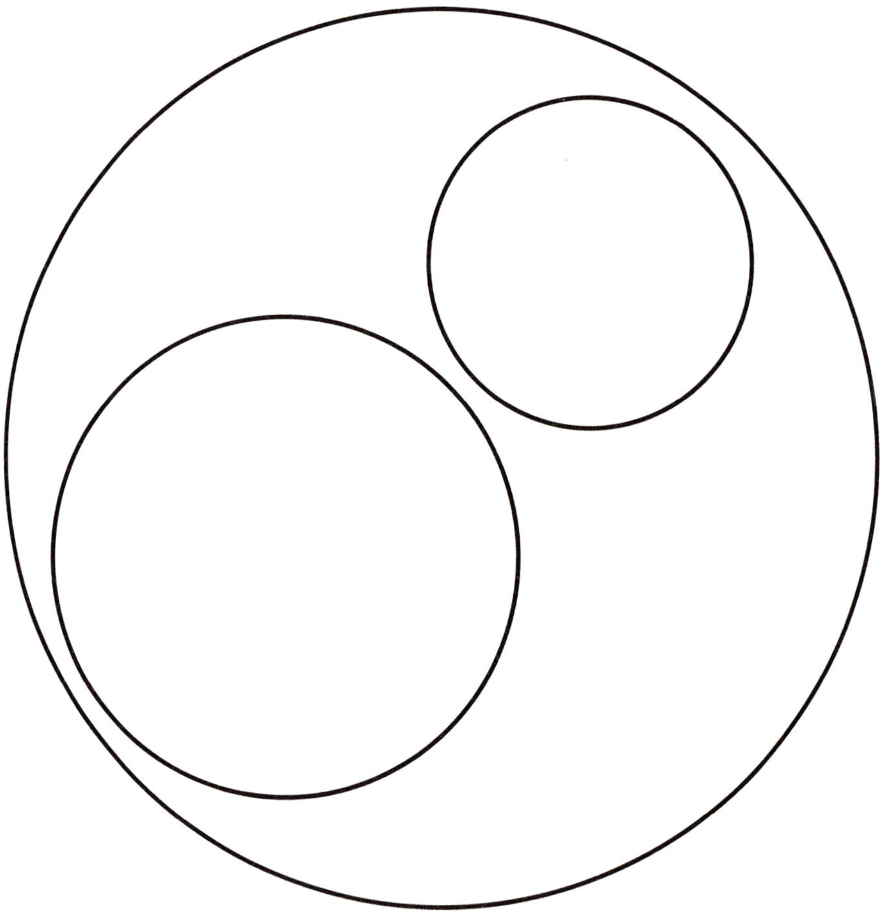

Numerale/Zahlwort
Grundzahl, Ordnungszahl

6.2 Die **Grundzahlen/Kardinalzahlen** bis *zehn* kennst du inzwischen in verschiedenen Sprachen; nun sind die Grundzahlen von *elf* bis *neunzehn* an der Reihe.
Wie werden sie im Deutschen gebildet? Viele von ihnen werden mit der Zahl *zehn* zusammengesetzt; welche sind es?

Die Zahlen ______________________ haben im Deutschen eine einfache Form.

Die Zahlen von ______________ bis ______________ werden im Deutschen mit der Zahl *zehn* zusammengesetzt.

Einige Zahlen bereiten Rechtschreibsorgen. Schreibe deshalb die Ziffern 16, 17 und 18 in Buchstaben aus.

16 = __________________________

17 = __________________________

18 = __________________________

Kannst du auch die Ziffern 70, 80 und 90 in Buchstaben übertragen?

70 = __________________________

80 = __________________________

90 = __________________________

Und wie schreibt man die Ziffer 1872 in Buchstaben?

1872 = ____

(Wenn du später einmal Lohn oder Gehalt erhältst, werden solche langen Buchstaben-Zahlen auf dem Scheck stehen. Man schreibt große Geldbeträge nämlich in Ziffern und zusätzlich in Buchstaben, damit kein Fehler unterläuft.)

1 Wortarten
1.1 Wortvorrat

Für einige Zahlen gibt es Sonderausdrücke:
Welche Zahl meint man, wenn man von einem *Paar* oder einem *Dutzend* spricht?

Ein *Paar* ist ein Sonderausdruck für die Zahl__________. (Hierbei müssen die Gegenstände zueinander passen.)

Ein *Dutzend* ist ein Sonderausdruck für die Zahl __________.

6.3 Du hast gelernt, daß die **Ordnungszahlen/Ordinalzahlen** auch abgeleitete Zahlen genannt werden, da sie von den Grundzahlen abgeleitet werden.
Bei dieser Ableitung fallen zwei unterschiedliche Endungen auf. Ob du sie erkennen kannst?

Die Ordnungszahlen von *der erste* bis *der neunzehnte* weisen die Endung -_____ auf.

Die Ordnungszahlen von *der zwanzigste* bis *der hundertste* weisen die Endung -_____ auf.

Wie lassen sich die Ordnungszahlen von den Grundzahlen unterscheiden, wenn sie als Ziffern geschrieben werden?

Man setzt einen ____________________ hinzu.
Wie müßte folglich das Datum von Heiligabend in Ziffern geschrieben werden?

Heiligabend wird am __________ Dezember gefeiert.

Es hat sich eingebürgert, bestimmte Ordnungszahlen nicht in arabischen (1., 2., 3. usw.). sondern in römischen (I., II., III. usw.) Ziffern zu schreiben, z. B. bei Herrschernamen, Wie müßte also der englische König Heinrich der Achte korrekt geschrieben werden?

Die korrekte Schreibweise lautet: ______________________________

Adverb/ Umstandswort

Das Adverb/Umstandswort

Wie man aus dem Begriff **Adverb** bereits heraushört, hat diese Wortart meist eine enge Beziehung zum Verb.

Lat. ad = zu, bei, an

Das Wort Ad-verb läßt sich also sinngemäß übersetzen:

zum-Verb-gehörig.

Das Adverb ist dazu geeignet, die *Umstände, unter denen etwas geschieht*, anzugeben; man nennt es daher auch

Umstandswort.

Hierbei sind mancherlei Umstände denkbar, z. B. wo, wann, wie oder warum sich etwas ereignet. Ein Geschehen spielt sich ja nicht im luftleeren Raum ab, sondern

an einem bestimmten *Ort*,
zu einer bestimmten *Zeit*,
auf eine bestimmte *Art und Weise*,
aus einem bestimmten *Grund.*

Obwohl auch noch weitere Umstände ein Geschehen begleiten könnten (z. B. Bedingungen oder Folgen), wollen wir uns hier auf die vier genannten beschränken, da sie am häufigsten vorkommen.

Lokaladverbien/Umstandswörter des Ortes

Schön, daß du mit dem Fahrrad hierher gekommen bist! Dann laß uns gleich losfahren. Da drüben kenne ich einen herrlichen Radweg. Dort kann man gemütlich durch die Heide fahren und irgendwo picknicken.

In diesem Text werden die

Lokaladverbien

verwendet.

hierher da drüben dort irgendwo

Sie drücken den **Ort** eines Geschehens aus (wo woher wohin).

1 Wortarten
1.1 Wortvorrat

Temporaladverbien/Umstandswörter der Zeit

Heute soll es ein Feuerwerk geben. Gleich wird es losgehen. Endlich ist es soweit! Die ersten Leuchtkörper schießen in den Nachthimmel und sprühen bunte Sterne nach allen Seiten. Dann verglühen sie, und danach ist es für einen Augenblick ganz dunkel.

Die **Temporaladverbien** dieses Textes lauten: *heute gleich endlich dann danach.*

Sie geben die **Zeit** eines Ereignisses an (wann seit wann wie lange wie oft).

Modaladverbien/Umstandswörter der Art und Weise

Beinahe wäre ich heute aufgefallen. Insgeheim hatte ich nämlich meinen Blick ständig auf die Schuluhr geheftet. Obwohl Musikstunden mir besonders gefallen, hätte ich sie heute gern geschwänzt. Du weißt ja, warum ich so abgelenkt war. Ob wohl unsere Mannschaft heute nachmittag gewinnt?

Einige der hier vorkommenden Adverbien sind **Modaladverbien:** *beinahe insgeheim besonders gern so.*

Sie sagen etwas über die **Art und Weise** eines Geschehens aus (wie auf welche Art und Weise).

Kausaladverbien/Umstandswörter des Grundes

Warum verliert diese Pflanze Blätter? Vielleicht bekommt sie zu wenig Wasser, und deshalb welkt sie; vielleicht fehlt ihr auch genügend Licht, und folglich verändern sich die Wachstumsbedingungen; oder aber sie steht an einem zugigen Platz, und daher rührt der Schaden. Deswegen müßten alle Möglichkeiten geprüft werden.

Der Text enthält die **Kausaladverbien:** *deshalb folglich daher deswegen.*

Sie dienen der Angabe des **Grundes** (warum weshalb aus welchem Grund).

Adverb/ Umstandswort

Anmerkung: Daß es neben diesen „echten“ Adverbien auch andere gibt, die aus Adjektiven entstehen, wirst du in einem späteren Kapitel ausführlicher erfahren.

Zum besseren Verständnis der Fachausdrücke für die Adverbien folgen hier wieder die lateinischen Ursprungswörter:

lateinisch		**deutsch**
locus	—	Ort
tempus	—	Zeit
modus	—	Art, Weise
causa	—	Grund, Ursache

7.1 Fällt dir ein Adverb ein, das sowohl ein Lokaladverb als auch ein Temporaladverb sein

könnte? Es soll in diese Kästchen passen:

7.2 Ordne die nachstehenden Adverbien nach **Lokaladverbien, Temporaladverbien, Modaladverbien** und **Kausaladverbien** und trage sie in die Tabelle ein: darum, abends, manchmal, sehr, dorther, genug, trotzdem, auswärts, bald, mitten, beinahe, demnach.

Lokaladverbien	**Temporaladverbien**	**Modaladverbien**	**Kausaladverbien**

1 Wortarten

1.1 Wortvorrat

7.3 Vervollständige die Kästchen, indem du solche Adverbien einsetzt, die jeweils einen Gegensatz bilden (ä = ein Buchstabe).

f	r	ü	h	X	X	X	S	P	Ä	T	X	X	X	X
n	i	e	X	X	X	X	I	M	M	E	R	X	X	X
s	e	l	t	e	n	X	O	F	T	X	X	X	X	X
v	o	r	h	e	r	X	N	A	C	H	H	E	R	X
d	a	n	a	c	h	X	D	A	V	O	R	X	X	X

H	I	E	R	X	X	X	d	o	r	t	X	X	X	X
O	B	E	N	X	X	X	u	n	t	e	n	X	X	X
V	O	R	N	X	X	X	h	i	n	t	e	n	X	X
A	U	ß	E	N	X	X	i	n	n	e	n	X	X	X
Ü	B	E	R	A	L	L	n	i	r	g	e	n	d	s

Die Präposition/das Verhältniswort

Das kennst du doch! Da hat sich im Zimmer so manches angesammelt, und dann braucht man dringend den kleinen Zettel, auf dem eine wichtige Adresse steht! Auf dem Tisch liegt er nicht, zwischen den Malblättern steckt er nicht, und im Briefständer befindet er sich auch nicht. Endlich — er liegt unter der Schreibmappe!

Präposition/ Verhältniswort

Um die **Beziehung** zwischen dem Zettel einerseits und dem Tisch, den Malblättern, dem Briefständer, der Schreibmappe andererseits ausdrücken zu können, gibt es **Verhältniswörter.**
(Der Zettel liegt nicht *auf* dem Tisch,
steckt nicht *zwischen* den Malblättern,
befindet sich nicht *im* Briefständer,
sondern er liegt *unter* der Schreibmappe.
Die Wörter *auf*, *zwischen*, *im* und *unter* geben das Verhältnis zwischen dem Zettel und dem Tisch/den Malblättern/dem Briefständer und der Schreibmappe an.)

Verhältniswörter dienen also dazu, das Verhältnis/die **Beziehung von Lebewesen oder Dingen zueinander** zu bezeichnen. Sie gehören deshalb zu Substantiven oder deren Stellvertretern (Pronomen), und da sie diesen meist vorangestellt werden, bezeichnet man sie auch als **Präpositionen** (lat. praepositus = vorangestellt).

Wie das vorige Kapitel gezeigt hat, gibt es aber nicht nur **Lokalverhältnisse**
(wie in der oben beschriebenen Suchaktion), sondern auch andere Verhältnisse, wie
Temporalverhältnisse
Seit einer Stunde wartet er.
Um vier Uhr kommt sie.

Modalverhältnisse
Gemäß der Verordnungen darf man ohne Anmeldung nicht ins Haus.

Kausalverhältnisse
Wegen der Kälte friert der See zu;
infolge der Vereisung kann man Schlittschuh laufen.

Einige Präpositionen können auch mit einem nachfolgenden Artikel verschmelzen.
So entsteht z. B. aus *in das: ins*
Er schaut *ins* Regal.
und aus *in dem: im.*
Er kann den Zettel *im* Zimmer nicht finden.

Übungen

8.1 Suche die **Präpositionen,** die jeweils zur Bezeichnung der folgenden Beziehungen passen.

Jan steht ___VOR___ der Tür.

Er späht ___durch___ das Schlüsselloch.

___In___ der Hand hält er ein Geschenk ___mit___ einer großen Schleife.

___Aus___ seiner Hosentasche hängt ein Taschentuchzipfel heraus.

1 Wortarten
1.1 Wortvorrat

8.2 Präpositionen bezeichnen **Verhältnisse** zwischen Gegenständen. Zwischen welchen Gegenständen werden in den folgenden Sätzen die Raumverhältnisse ausgedrückt?

Die Vase **auf** dem Tisch enthält rote Tulpen.
Unser Besuch betrachtet die Bilder **an** der Wand.
Das Feuer **im** Kamin verbreitet eine gemütliche Stimmung.

Die Präposition *auf* bezeichnet das Verhältnis zwischen ______________________.

Die Präposition *an* bezeichnet das Verhältnis zwischen ______________________.

Die Präposition *im* bezeichnet das Verhältnis zwischen ______________________.

Die Konjunktion/das Bindewort

Das **Bindewort/Konjunktion** (lat. coniungere = verbinden) hat die Aufgabe, eine **Verbindung** zwischen **einzelnen Wörtern, Wortgruppen** oder **ganzen Sätzen** herzustellen.
Wie sinnvoll solche Verbindungswörter sind, kannst du an folgenden Beispielen erkennen.
Der Satz
Georg, Karl machen eine Schreinerlehre.
klingt abgehackt.
Besser: *Georg **und** Karl machen eine Schreinerlehre.*
Auf der Werkbank liegen Holzstücke aus unterschiedlichem Material, Nägel in verschiedenen Größen.
Besser: *Auf der Werkbank liegen Holzstücke aus unterschiedlichem Material **und** Nägel in verschiedenen Größen.*

Auch zwischen den beiden Sätzen
Georg nimmt eine Kneifzange in die Hand.
Er zieht einen Nagel aus dem Holz.
läßt sich durch eine Konjunktion eine gedankliche Beziehung herstellen:
*Georg nimmt eine Kneifzange in die Hand **und** zieht einen Nagel aus dem Holz.*

Natürlich gibt es außer *und* noch andere Konjunktionen, beispielsweise *oder*, *sowie*, *aber*. (Z. B. Besorge mir bitte Farbe *und* Pinsel ***sowie*** als Unterlage einen Lappen ***oder*** eine Zeitung, ***aber*** eine alte!) Durch alle diese Konjunktionen werden die verbundenen Teile **auf gleicher Stufe** nebeneinandergeordnet; man nennt sie daher auch **nebenordnende (koordinierende) Konjunktionen.**

Konjunktion/Bindewort
Nebenordnung, Unterordnung

Eine zweite Gruppe von Konjunktionen ist in der Lage, die verbundenen Teile **auf ungleicher Stufe** einander zuzuordnen; man nennt sie daher **unterordnende (subordinierende) Konjunktionen,** z. B.

während indem weil obwohl so daß damit wenn

Während er den Garten umgräbt, entdeckt er einen Regenwurm.

Hier ist die Entdeckung des Regenwurms die Hauptsache; das Umgraben des Gartens spielt eine untergeordnete Rolle.

Der Regenwurm entfernt sich rasch, *indem* er sich über die Erde schlängelt.

Auch hier ist der Satz, der durch die Konjunktion *indem* an den ersten Satz gefügt ist, dem anderen untergeordnet.

Weil die Erde locker liegt, verkriecht er sich bald.

Und welcher Satz ist in diesem Beispiel dem anderen untergeordnet?
Natürlich derjenige, der mit der Konjunktion *weil* beginnt.

Übungen

9.1 Konjunktionen können einzelne Wörter, Wortgruppen oder ganze Sätze miteinander verbinden. Wie verhält es sich damit in den nachstehenden Sätzen?
Wenn **einzelne Wörter** verbunden werden, trage 1 Sternchen in den Kasten ein; handelt es sich um die Verbindung von **Wortgruppen,** so trage 2 Sternchen ein; und bei der Verbindung von **ganzen Sätzen** setze 3 Sternchen in den Kasten.

„Möchtest du dir Lose kaufen, oder willst du lieber Karussell fahren?" ☐

„Ich möchte gern eine Fahrt im Riesenrad oder eine Runde in der Geisterbahn erleben." ☐

„Wir können ja hinterher noch Süßigkeiten oder Lose kaufen." ☐

1 Wortarten

1.1 Wortvorrat

9.2 Von den nachstehenden 8 Sätzen sind jeweils 2 durch eine Konjunktion miteinander verbunden.
Handelt es sich um **nebenordnende Konjunktionen**

oder um **unterordnende Konjunktionen?**
Entscheide dich für das zutreffende Bild und trage in den Satzblock die vorkommende Konjunktion ein.

(1) Obwohl Herr Neumann heute eigentlich pünktlich nach Hause gehen wollte, (2) hatte er nach Geschäftsschluß noch eine Abrechnung anzufertigen.

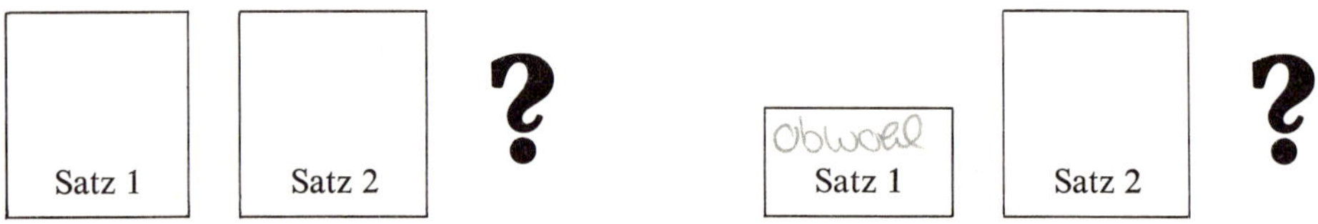

(3) Nachdem er die letzte Zahl geschrieben hatte, (4) machte er sich auf den Heimweg.

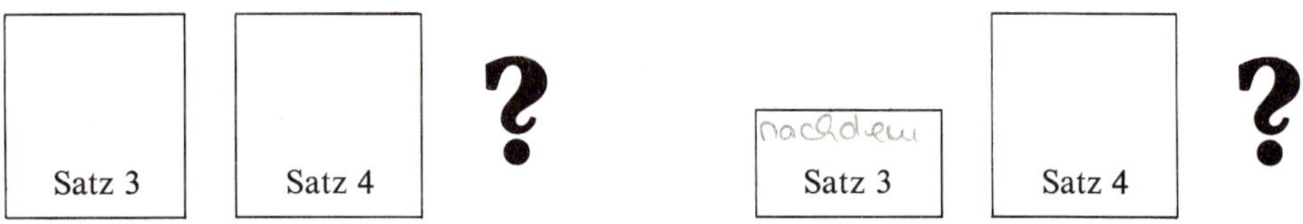

(5) Auf dem Flur traf er noch einen Kollegen, (6) außerdem begegnete ihm vor dem Tor ein guter Bekannter.

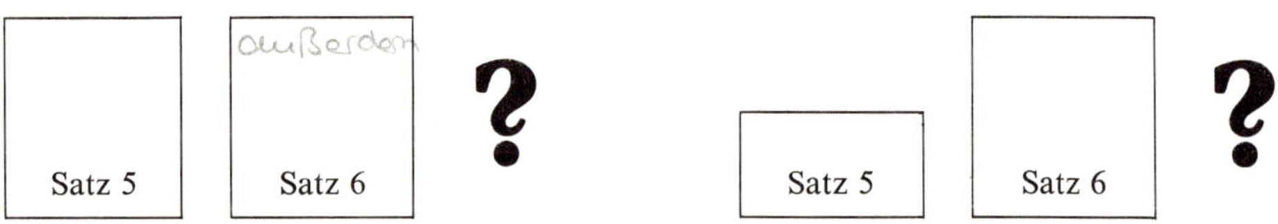

(7) Sie plauderten kurz miteinander, (8) doch ihn zog es bald nach Hause.

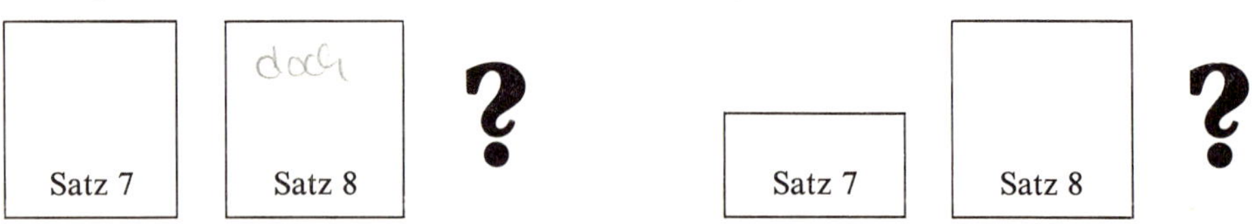

Interjektion/ Ausrufewort

Die Interjektion/das Ausrufewort

Hurra! Der erste Teil dieses Buches wäre bald geschafft! Da kann man seinem Herzen doch einmal Luft machen! Und welche Wörter kommen für solchen Ausruf in Frage? **Ausrufewörter** natürlich! Man kann sie auch **Interjektionen** nennen, weil das lateinische Wort so viel wie „dazwischenwerfen" bedeutet.

Mit solchen Wörtern lassen sich unwillkürliche **Gefühle** wie z. B. Freude (*juchhe! heißa!*), Schmerz (*au!*), Schrecken (*o weh! ach!*), Ekel (*pfui!*) oder Behagen (*hm!*) ausdrücken. Mit ihnen kann man außerdem jemandem in aller Kürze etwas **zurufen,** z. B. *pst! hallo! he!* oder Geräusche lautmalerisch — mit Lauten malend — **nachahmen,** z. B. mechanische Laute (*tick tack, klipp klapp, ritze ratze*) oder Tierstimmen (*miau, wau wau, kikeriki*).

Da die Interjektionen eher **Laute** als richtige Wörter sind, nehmen sie in unserer Sprache eine Sonderstellung ein. Sie gehören zum Beziehungssystem unserer Sätze nicht unmittelbar dazu und werden daher immer durch ein **Komma** von ihnen getrennt.

Neben diesen „eigentlichen" Interjektionen gibt es auch **„uneigentliche" Interjektionen;** darunter versteht man Wörter einer anderen Wortart, die aber als Ausruf benutzt werden; z. B. *Donnerwetter!* (eigentlich ein Substantiv), *halt!* (eigentlich ein Verb) oder *brav!* (eigentlich ein Adjektiv).

10.1 Welche **Interjektion** könnte wohl ausdrücken, welches Gefühl man angesichts eines so herrlich gedeckten Gabentisches hat?

10.2 Und welcher unfreundliche Zuruf paßte wohl zu dieser Schadenfreude?

10.3 Und welche lautnachahmende Interjektion könnte dieser Rabe von sich geben?

1 Wortarten

1.1 Wortvorrat

Zusammenfassung: Nun haben wir alle **zehn Wortarten** der deutschen Sprache kennengelernt. Hier sind sie noch einmal zusammengefaßt:

Wie heißt die **Wortart?**	Wozu ist sie **geeignet?**	Welche **Beispiele** kann man sich merken?
Verb Zeitwort **Hilfsverb** Hilfszeitwort	Verben sagen aus, — welche Tätigkeit jemand ausführt **(Handlung)** — was sich ereignet **(Vorgang)** — was ist **(Zustand).** Hilfsverben eignen sich zur Verknüpfung mit einer **Ergänzung.**	 *arbeiten, bauen, nachdenken* *wachsen, blühen, leben* *bleiben, wohnen, heißen* *sein, haben, werden*
Substantiv Hauptwort	Substantive geben **Lebewesen** und Dingen **(Sinnendingen** oder **Gedankendingen)** einen **Namen.**	*Mensch, Tier, Pflanze* *Stein, Flöte, Ball* *Freundschaft, Stunde, Gleichheit*
Artikel Geschlechtswort	Artikel teilen das Geschlecht von einem **bestimmten** oder **unbestimmten** **Lebewesen/Ding** mit.	 *der, die, das* *ein, eine, ein*
Adjektiv Eigenschaftswort	Adjektive beschreiben besondere **Eigenschaften** von Lebewesen/Dingen.	*mutig, breit, sommerlich*
Pronomen Fürwort	Pronomen **können** Substantive **vertreten** als — **Personalpronomen,** indem sie die betreffende **Person** nennen — **Possessivpronomen,** indem sie den **Besitzer** angeben — **Demonstrativpronomen,** indem sie auf etwas deutlich **hinweisen**	 *er, sie, es* *mein, dein, sein* *dieser, jener, solcher*

Zusammenfassung

Wie heißt die **Wortart?**	Wozu ist sie **geeignet?**	Welche **Beispiele** kann man sich merken?
	— **Relativpronomen,** indem sie sich auf etwas Vorangehendes **beziehen** — **Interrogativpronomen,** indem sie nach etwas **fragen** — **Indefinitpronomen,** indem sie etwas **Unbestimmtes meinen.**	*der, welcher, das* *wo? was? wann?* *man, jemand, niemand*
Numerale Zahlwort	Numeralien stellen die **Anzahl** von etwas **genau,** **einzeln** oder in einer **Reihenfolge** oder **ungefähr** fest.	 *eins, zwei, drei* *der erste, zweite, dritte* *einige, viele, alle*
Adverb Umstandswort	Adverbien nennen nähere **Umstände eines Geschenes** — **Ort** — **Zeit** — **Art und Weise** — **Grund.**	 *hier, dort, innen* *heute, gleich, dann* *gern, besonders, sehr* *daher, deshalb, folglich.*
Präposition Verhältniswort	Präpositionen bezeichnen das **Verhältnis zwischen Lebewesen/Dingen.**	 *auf, zwischen, unter*
Konjunktion Bindewort	Konjunktionen stellen **Verbindungen** her — **auf gleicher Stufe** — **auf ungleicher Stufe.**	 *und, oder, aber* *während, indem, weil*
Interjektion Ausrufewort	Interjektionen drücken **Gefühle** oder kurze **Zurufe** aus oder ahmen **Geräusche** nach.	 *hurra! ach! hm!* *pst! hallo! he!* *tick tack, miau, kikeriki*

1 Wortarten
1.1 Wortvorrat

Nun kannst du bei jedem Wort, das du hörst, sprichst oder liest, erkennen, um welche Wortart es sich jeweils handelt. Hier und da können sich aber noch Schwierigkeiten einstellen, weil es vereinzelt **Besonderheiten** gibt. Z. B. können nicht nur Adjektive (vgl. S. 25), sondern Wörter jeder anderen Wortart durch einen Artikel (oder auch durch eine Präposition oder ein unbestimmtes Zahlwort) **substantiviert** werden.

Hier ein paar Beispiele:

zum Lesen (Substantivierung eines Verbs durch eine Präposition),
ohne Wenn und Aber (Substantivierung von Konjunktionen durch eine Präposition),
alles Gute (Substantivierung eines Adjektivs durch ein unbestimmtes Zahlwort)

Keine Regel ohne Ausnahme: z. B.
im allgemeinem im übrigen die anderen.

Außerdem kann es Schwierigkeiten geben, weil **dasselbe Wort verschiedenen Wortarten angehören** kann. Z. B. kann das Wort *das* entweder ein Artikel (*das* Auto) oder ein Relativpronomen (Dort fährt ein Auto, *das* gerade getankt hat.) oder auch ein Demonstrativpronomen (*Das* Auto dort hat eine schöne Farbe.) sein; hierbei ist es entscheidend, wie das Wort in einem Satz gerade verwendet wird.

Übungen

11.1 Bestimme die **Wortart** jedes einzelnen Wortes des folgenden Textes und schreibe sie in die dafür vorgesehene Spalte.
(Achtung! Manche Wörter werden bei Gebrauch in einem Satz auseinandergerissen; so gehören z. B. die Wortteile *taten* und *weh* zu dem **einen** Verb *wehtun.*)

Die Ameisen

In Hamburg lebten zwei Ameisen,
die wollten nach Australien reisen.
Bei Altona auf der Chaussee
da taten ihnen die Beine weh,
und da verzichteten sie weise
dann auf den letzten Teil der Reise.

JOACHIM RINGELNATZ

Zusammenfassung

Text:	Wortart:	Text:	Wortart:
Die		der	
Ameisen		Chaussee	
		da	
In		taten	
Hamburg		ihnen	
lebten		die	
zwei		Beine	
Ameisen,		weh,	
die		und	
wollten		da	
nach		verzichteten	
Australien		sie	
reisen.		weise	
Bei		dann	
Altona		auf	
auf		den	

1 Wortarten
1.2 Einteilung

Text:	Wortart:	Text:	Wortart:
letzten	____________________	der	____________________
Teil	____________________	Reise.	____________________

11.2 „Wer paßt zu mir? Wer spielt mit mir?"
Suche für jedes Wort, das auf einen Spielkameraden wartet, einen Spielkameraden, der derselben Wortart angehört. Zur Verfügung stehen die Wörter:

juchhe! Strauch, sie, jetzt, suchen, das, bunt, in, und, zwei

Mit dem **Verb** *verstecken* spielt das Wort ____________________.

Mit dem **Substantiv** *Wiese* spielt das Wort ____________________.

Mit dem **Artikel** *der* spielt das Wort ____________________.

Mit dem **Adjektiv** *hell* spielt das Wort ____________________.

Mit dem **Pronomen** *er* spielt das Wort ____________________.

Mit dem **Numerale** *vier* spielt das Wort ____________________.

Mit dem **Adverb** *sofort* spielt das Wort ____________________.

Mit der **Präposition** *auf* spielt das Wort ____________________.

Mit der **Konjunktion** *aber* spielt das Wort ____________________.

Mit der **Interjektion** *oh!* spielt das Wort ____________________.

Veränderliche Wortarten
Unveränderliche Wortarten

1.2 Einteilung: Wir sortieren

Wie du bereits zu Beginn (S. 3) gelernt hast, läßt sich unser Wortvorrat in **zwei Gruppen** einteilen:

Einige Wörter sind in der Lage, sich auf eine bestimmte Aufgabe, die sie im Satz erfüllen sollen, einzustellen und dazu ihre äußere Form zu verändern. Man nennt sie daher **veränderliche (flexible) Wörter.**
Die Veränderung vollzieht sich meist in der Wort**endung** (z. B. das Spiel — die Spiele), manchmal auch im Wort**stamm** (z. B. wir singen — wir sangen) oder in beidem (z. B. ich esse — du **ißt).**

Andere Wörter dagegen besitzen nur eine einzige Form und sind deshalb nicht anpassungsfähig. Sie sind also **unveränderlich (inflexibel),**
z. B. *jetzt von damit*

Welche der Wortarten nun veränderlich und welche unveränderlich sind, kannst du bei der nächsten Übung allein herausfinden.

12.1 Folgende Wörter stehen dir in ihrer **Grundform** zur Verfügung:

ach — mein — neu — Mütze — liegen — dort — in — der — Schmutz — und — bekommen — viel — Fleck

Damit diese Wörter zueinander passen, müssen einige von ihnen ihre äußere Form verändern. Wandle die *aneinandergereihten Wörter* so um, daß sie einen *sinnvollen Satz* ergeben.

1 Wortarten
1.2 Einteilung

Prüfe, welche Wörter des Satzes veränderlich und welche unveränderlich sind, und trage jedes Wort unter diesem Gesichtspunkt in die Tabelle ein. Schreibe hinter jedes Wort, welcher Wortart es angehört.

veränderliche Wörter	(Wortart)	unveränderliche Wörter	(Wortart)
______	______	______	______
______	______	______	______
______	______	______	______
______	______	______	______
______	______		
______	______		
______	______		
______	______		
______	______		

Nun hast du ganz allein herausgefunden, welche Wortarten zur Gruppe der *veränderlichen* und welche zur Gruppe der *unveränderlichen* Wortarten gehören, nämlich:

veränderliche Wortarten:

Verb
Substantiv
Artikel
Adjektiv
Pronomen
Numerale

unveränderliche Wortarten:

Adverb
Präposition
Konjunktion
Interjektion

Veränderliche, unveränderliche Wortarten

Die **Formveränderung eines Wortes** nennt man **Beugung (Flexion).** Man unterscheidet hierbei zwischen der Formveränderung des Verbs und der übrigen veränderlichen Wörter: Die Beugung des Verbs nennt man **Konjugation,** die Beugung von Substantiv, Artikel, Adjektiv, Pronomen und Numerale heißt **Deklination.**

Übung

12.2 Der Verein 1. FC FLEXIBILIA veranstaltet gegen den TuS INFLEXIBILIA ein Fußballspiel. Folgende Mannschaften sollen aufgestellt werden:

1\. FC FLEXIBILIA

als Stürmer	— die Adjektive *schnell, weitsichtig, überlegen, sportlich* und *aufmerksam*
als Mittelfeldspieler	— die Substantive *Ausdauer, Einsatzbereitschaft* und *Fußtechnik*
als Verteidiger	— die Verben *erfahren* und *abwehren*
als Torwart	— das Pronomen *er*

TuS INFLEXIBILIA

als Stürmer	— die Adverbien *immer, überall, dort, vorn* und *abseits*
als Mittelfeldspieler	— die Konjunktionen *aber, außerdem* und *oder*
als Verteidiger	— die Präpositionen *gegen* und *außerhalb*
als Torwart	— die Interjektion *ach!*

Diese Mannschaftslisten enthalten keine Fehlbesetzungen; aber beide Trainer spielen noch mit dem Gedanken, jeweils eine Umbesetzung vorzunehmen; in jeder Mannschaft befinden sich nämlich zwei Spieler, die man gegenseitig austauschen könnte. (Sie könnten also zwei *verschiedenen Wortarten* angehören.)
Ob du sie in beiden Mannschaften findest?

Bei TuS FLEXIBILIA könnten die Spieler ________________ und ________________ gegenseitig ausgetauscht werden, da sie zwei verschiedenen Wortarten angehören können.

Beim 1. FC INFLEXIBILIA könnten die Spieler ______________ und ______________ gegenseitig ausgetauscht werden, da auch sie zwei verschiedenen Wortarten angehören können.

1 Wortarten
1.3 Veränderungsmöglichkeiten

Und so läßt sich das, was in diesem Kapitel steht, noch einmal in einer Graphik zusammenfassen:

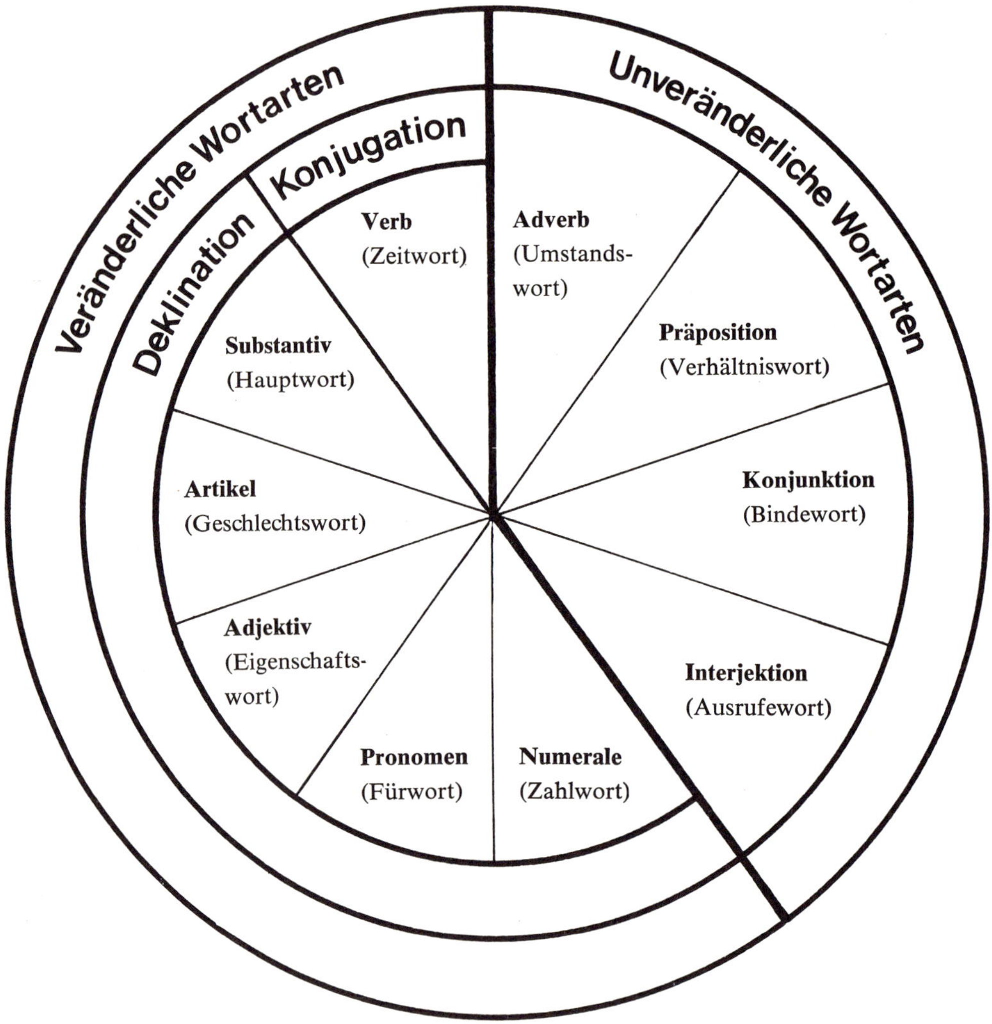

Konjugation/ Beugung der Verben

1.3 Veränderungsmöglichkeiten: Wir geben einigen Wörtern eine neue Form

Konjugation/Beugung der Verben

Das Verb ist nicht nur die wichtigste Wortart unserer Sprache (vgl. S. 8), sondern auch die formenreichste: Mit einem Verb kann man nämlich nicht nur ausdrücken, **was gerade geschieht** (es hat also nicht nur eine allgemeine **inhalt**liche Bedeutung wie *werfen* und *stoßen*); sondern durch die Verwendung einer bestimmten Verb**form** kann man noch viel mehr ausdrücken:

wer etwas tut: **Person**	z. B. ich *stoße* — du *stößt*
wie **viele** etwas tun: **Anzahl**	z. B. du *stößt* — ihr *stoßt*
wann etwas geschieht: **Zeit**	z. B. sie *stößt* — sie *stieß*
ob jemand etwas *selbst tut* oder ob er es von einem anderen *erleidet*: **Handlungsrichtung**	z. B. er *stößt* — er *wird gestoßen*
ob etwas *tatsächlich* oder *möglicherweise* geschieht oder ob es *geschehen soll*: **Aussageweise**	z. B. du *stößt* — du *stießest* — *stoß!*

Solcher Formenreichtum mag dich zunächst verwirren; da du aber alle diese Verbformen täglich unbewußt selbst anwendest, wirst du dich sicherlich hier bald zurechtfinden.

Zuerst mußt du dir eine Grundtatsache klarmachen:

Jedes Verb besteht aus zwei Teilen, dem Wort**stamm** und der Wort**endung** (vgl. S. 53). So hat beispielsweise das Wort *werfen* den Stamm *werf-* (wobei man den Selbstlaut *-e-* als Stammselbstlaut oder **Stammvokal** bezeichnet) und die Endung *-en*; das Verb *stoßen* dagegen hat den Wortstamm *stoß-* mit dem Stammvokal *-o-* und der Endung *-en*.

Wie man an den Beispielen erkennen kann, liegt die Formenvielfalt der Verben vor allem in den Endungen (z. B. wir *stoßen* — ihr *stoßt*); bei einigen Formen fallen jedoch auch veränderte Stammvokale auf (z. B. ich *stoße* — du *stößt*). Und die Form *er **wird** gestoßen* zeigt, daß für bestimmte Verbformen **Zusatzwörter** und **Zusatzsilben** zu Hilfe genommen werden.

1 Wortarten
1.3 Veränderungsmöglichkeiten

Übung

13.1 Trage die folgenden Verben so in die Baum-Bilder ein, daß der **Wortstamm** jeweils innerhalb des Baumstammes steht und die **Endung** nach außen ragt: *schlagen, springen, laufen.*

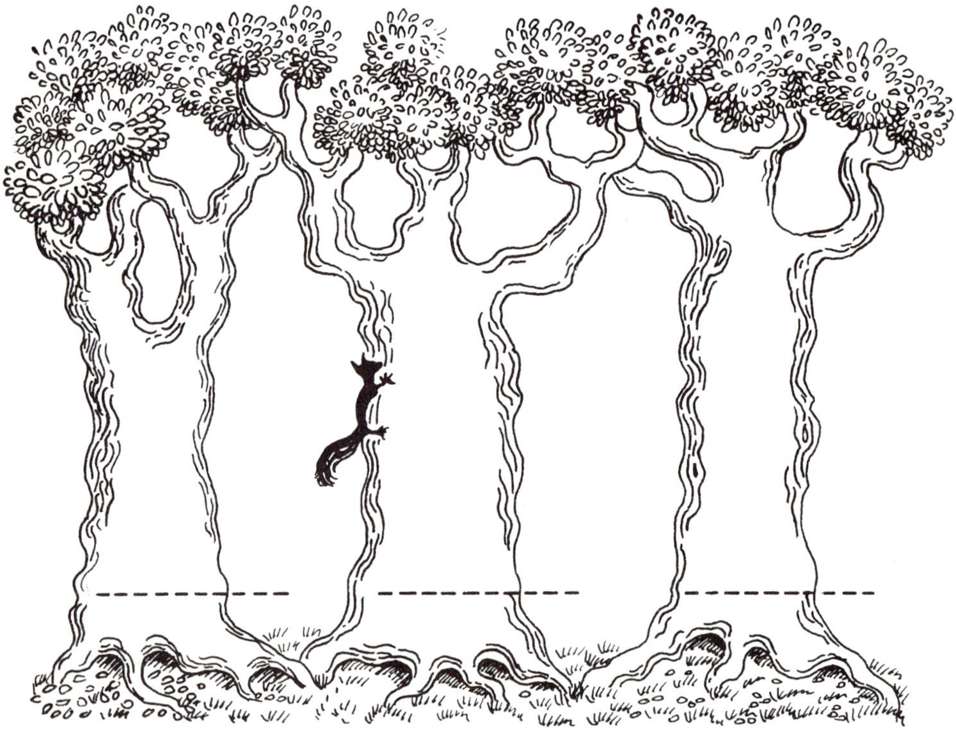

Konjugation
Infinitiv/Grundform

Infinitiv/Nennform

Wenn wir ein Verb nur **nennen** wollen
wie z.B. zu Beginn dieses Kapitels die Wörter *werfen* und *stoßen*,
so verwenden wir dazu ihre **Grundform,** die wir auch als **Nennform** bezeichnen.

Und weil diese Verbform ganz allgemein und nicht fest eingegrenzt ist, nennt man sie auch **Infinitiv**
(lat. finis = das Ende,
infinitum = unbegrenzt).

13.2 Und wie lautet die **Endung des Infinitivs?**

Diese Frage kannst du dir selbst beantworten, wenn du dir eine beliebige Anzahl von Verben suchst. Alle Verben, die dir einfallen, haben in ihrer Grundform dieselbe Endung.

Hier ist Platz für 10 beliebige Verben:

....

....

....

....

....

Alle 10 Verben – und alle Verben überhaupt – haben im Infinitiv die Endung – ....
oder – .....

1 Wortarten
1.3 Veränderungsmöglichkeiten

Personalformen des Verbs/finite Verbformen

Alle übrigen Verbformen (also alle, die kein Infinitiv sind) nennt man	**Personalformen,**
weil in jeder dieser Formen ausgedrückt wird,	von welcher **Person**
(1., 2. oder 3. Person, vgl. S. 28) etwas ausgesagt wird,	
ob also jemand von sich selbst	1. Person, z.B. ich *laufe,*
zu einer angeredeten Person	2. Person, z.B. du *läufst*
oder von einer dritten Person spricht.	er/sie/es *läuft*

Diese Personalformen haben außerdem die Eigenschaft, daß sie stets die **Anzahl (Numerus)** der Personen nennen, von denen ein Verb handelt.

Dabei sind zwei Numeri möglich:

Einzahl (Singular):

ich *springe*
du *springst*
er/sie/es *springt*

Mehrzahl (Plural):

wir *springen*
ihr *springt*
sie *springen*

In einer Formentabelle führt man die Personalformen eines Verbs üblicherweise in der Reihenfolge auf:

1. Person Singular — 1. Person Plural
2. Person Singular — 2. Person Plural
3. Person Singular — 3. Person Plural

Beispiel:

	Singular	Plural
1. Person	ich *springe*	wir *springen*
2. Person	du *springst*	ihr *springt*
3. Person	er/sie/es *springt*	sie *springen*

Konjugation
Personalform/finite Verbform

Übung

13.3 Entscheide, welche **Person** und welchen **Numerus** (Singular oder Plural) die folgenden **Personalformen** des Verbs *schlagen* haben:

Personalform	Person	Numerus
wir schlagen	____________	____________
er/sie/es schlägt	____________	____________
sie schlagen	____________	____________
du schlägst	____________	____________
ich schlage	____________	____________
ihr schlagt	____________	____________

Tempus/Zeit

Wir haben gelernt, daß Verben stets Ereignisse zum Inhalt haben, die in der **Zeit** ablaufen. Man nennt sie daher auch **Zeitwörter**.

Und da auf dieser Welt nichts ewig dauert, muß es für jedes Ereignis einen Zeitpunkt geben, zu dem das Ereignis *noch gar nicht begonnen hat,*
einen weiteren, zu dem das Ereignis *gerade stattfindet,*
und einen anderen Zeitpunkt, zu dem das Ereignis *vergangen ist.*

Um nun auszudrücken, **wann** etwas geschieht, verfügen wir über drei **Zeitstufen:**

— die **Gegenwart** (jetzt)
— die **Vergangenheit** (vorher)
— die **Zukunft** (nachher)

1 Wortarten
1.3 Veränderungsmöglichkeiten

Und da es ein wichtiger Unterschied ist,
ob ein Ereignis in der jeweiligen Zeit
andauert
oder ob es bereits *beendet* ist,
unterscheidet unsere Sprache innerhalb
dieser drei Zeitstufen:

— **dauernde Gegenwart**
vollendete Gegenwart
— **dauernde Vergangenheit**
vollendete Vergangenheit
— **dauernde Zukunft**
vollendete Zukunft

Zeitstufe der Gegenwart: Präsens (dauernde Gegenwart)

Wenn wir ein Ereignis so darstellen, als ob es gerade in dem Augenblick, während wir sprechen oder schreiben, geschieht, so verwenden wir

die **dauernde Gegenwart/das Präsens:**
Jetzt geschieht etwas.

Beispielsweise meint die Verbform *ich schwimme,*
daß ich mich jetzt gerade mit Schwimmbewegungen im Wasser vorwärtsbewege,
und die Verbform *ich nähe,*
daß ich gerade mit Nadel und Faden arbeite.

Beispiel: **Präsens**

	Singular	Plural
1. Person	ich *schwimme, nähe*	wir *schwimmen, nähen*
2. Person	du *schwimmst, nähst*	ihr *schwimmt, näht*
3. Person	er/sie/es *schwimmt, näht*	sie *schwimmen, nähen*

Tempus/Zeitenbildung
Präsens, Perfekt

Zeitstufe der Gegenwart: Perfekt (vollendete Gegenwart)

Wenn wir ausdrücken wollen, daß ein Ereignis jetzt/in der Gegenwart vollendet ist, so verwenden wir die **vollendete Gegenwart/das Perfekt:** Etwas ist jetzt abgeschlossen.

Beispielsweise bedeutet die Verbform *ich bin geschwommen,* daß meine Schwimmtätigkeit jetzt beendet ist, und die Verbform *ich habe genäht,* daß die Naht jetzt fertig ist.

Man bildet das Perfekt, indem man das **Hilfsverb** *sein* oder *haben* (in seinen Präsensformen) hinzufügt und — falls möglich — die **Vorsilbe** *ge-* vor das Verb setzt.

Beispiel: **Perfekt**

	Singular
1. Person	ich *bin geschwommen, habe genäht*
2. Person	du *bist geschwommen, hast genäht*
3. Person	er/sie/es *ist geschwommen, hat genäht*

	Plural
1. Person	wir *sind geschwommen, haben genäht*
2. Person	ihr *seid geschwommen, habt genäht*
3. Person	sie *sind geschwommen, haben genäht*

1 Wortarten
1.3 Veränderungsmöglichkeiten

Zeitstufe der Vergangenheit: Imperfekt (dauernde Vergangenheit), manchmal auch **Präteritum** genannt

Lief ein Ereignis in der Vergangenheit ab, so verwenden wir — besonders wenn wir etwas erzählen — die **dauernde Vergangenheit/das Imperfekt:** Etwas geschah damals.

Beispielsweise drückt die Verbform *ich schwamm* aus, daß es eine Zeit gab, in der ich gerade dabei war zu schwimmen,

und die Verbform *ich nähte,* daß es in der Vergangenheit eine Zeit gab, in der ich gerade eine Naht herstellte.

Man unterscheidet bei der Bildung des Imperfekts **starke und schwache Verben:**

Die starken Verben sind so stark, daß sie ihr Imperfekt ohne fremde Hilfe bilden können, indem sie nämlich ihren Stammvokal verändern *ich schw**i**mme — ich schw**a**mm.*

Schwache Verben dagegen brauchen eine Unterstützung bei der Bildung des Imperfekts, sie benötigen den Buchstaben -t-, den man hinter ihrem Wortstamm einfügt: ich *nähe* — ich *näh**t**e.*

Beispiel: **Imperfekt**

	Singular	Plural
1. Person	ich *schwamm, nähte*	wir *schwammen, nähten*
2. Person	du *schwammst, nähtest*	ihr *schwammt, nähtet*
3. Person	er/sie/es *schwamm, nähte*	sie *schwammen, nähten*

Tempus
Imperfekt, Plusquamperfekt

Zeitstufe der Vergangenheit: Plusquamperfekt (vollendete Vergangenheit)

War ein Ereignis bereits in der Vergangenheit vollendet, so läßt sich dies durch **die vollendete Vergangenheit/das Plusquamperfekt** ausdrücken: Etwas war damals bereits abgeschlossen.

Beispielsweise meint die Verbform *ich war geschwommen,* daß das Schwimmen bereits zu einem früheren Zeitpunkt beendet war, und die Verbform *ich hatte genäht,* daß die Naht schon längst fertig ist.

Man bildet das Plusquamperfekt, indem man das **Hilfsverb** *sein* oder *haben* (in seinen Imperfektformen) hinzufügt und — falls möglich — die **Vorsilbe** *ge-* vor das Verb setzt.

Beispiel: **Plusquamperfekt**

	Singular
1. Person	ich *war geschwommen, hatte genäht*
2. Person	du *warst geschwommen, hattest genäht*
3. Person	er/sie/es *war geschwommen/hatte genäht*

	Plural
1. Person	wir *waren geschwommen, hatten genäht*
2. Person	ihr *wart geschwommen, hattet genäht*
3. Person	sie *waren geschwommen, hatten genäht*

1 Wortarten
1.3 Veränderungsmöglichkeiten

Zeitstufe der Zukunft: Futur I (dauernde Zukunft)

Ereignisse, die noch gar nicht begonnen haben, werden in der **dauernden Zukunft/dem Futur I** ausgedrückt:
Etwas wird in der Zukunft geschehen.

Beispielsweise bedeutet die Verbform *ich werde schwimmen,*
daß ich zu schwimmen beabsichtige,
und die Verbform *ich werde nähen,*
daß ich vorhabe, eine Naht anzufertigen.

Man bildet das Futur I, indem man zu dem **Infinitiv** des Verbs
das **Hilfsverb** *werden*
(in seinen Präsensformen)
hinzufügt.

Für die Mitteilung eines zukünftigen Ereignisses wählen wir häufig auch eine „bequemere" Ausdrucksweise als das Futur I: Wir benutzen das Präsens und fügen einfach ein Temporalverb hinzu.

ich schwimme gleich,
ich schwimme nachher oder *ich nähe morgen,*
ich nähe später.

Beispiel: **Futur I**

	Singular
1. Person 2. Person 3. Person	ich *werde schwimmen, werde nähen* du *wirst schwimmen, wirst nähen* er/sie/es *wird schwimmen, wird nähen*

	Plural
1. Person 2. Person 3. Person	wir *werden schwimmen, werden nähen* ihr *werdet schwimmen, werdet nähen* sie *werden schwimmen, werden nähen*

Tempus
Futur I, Futur II

Zeitstufe der Zukunft: Futur II (vollendete Zukunft)

Soll ein Ereignis so dargestellt werden, daß es in der Zukunft vollendet ist, so paßt dazu die **vollendete Zukunft/das Futur II:**
Etwas wird in der Zukunft geschehen und in der Zukunft vollendet sein.

Beispielsweise heißt die Verbform *ich werde geschwommen sein,* daß ich zu schwimmen beabsichtige und das Schwimmen irgendwann beendet sein wird, und die Verbform *ich werde genäht haben,* daß ich vorhabe, eine Naht anzufertigen, und diese Naht irgendwann fertiggestellt ist.

Man bildet das Futur II, indem man das **Hilfsverb** *sein* oder *haben* (in seinen Futurformen) hinzufügt und — falls möglich — die **Vorsilbe** *ge-* vor das Verb setzt.
Das Futur II verwendet man im alltäglichen Sprechen sehr selten.

Beispiel: **Futur II**

	Singular
1. Person	ich *werde geschwommen sein, werde genäht haben*
2. Person	du *wirst geschwommen sein, wirst genäht haben*
3. Person	er/sie/es *wird geschwommen sein, wird genäht haben*

	Plural
1. Person	wir *werden geschwommen sein, werden genäht haben*
2. Person	ihr *werdet geschwommen sein, werdet genäht haben*
3. Person	sie *werden geschwommen sein, werden genäht haben*

1 Wortarten
1.3 Veränderungsmöglichkeiten

Zum leichteren Einprägen der lateinischen Tempusnamen folgt wieder eine kleine Lateinstunde:

lateinisch		**deutsch**
tempus	—	Zeit
praesens	—	gegenwärtig
perfectum	—	vollendet
plus	—	mehr
quam	—	als
futurum	—	zukünftig

Übungen

13.4 Um eine gute Übersicht über die sechs verschiedenen **Tempora** (= Plural von *Tempus*) zu bekommen, ist es nützlich, sie in einer *bestimmten Anordnung* aufzuschreiben.
Die nachstehende Übersicht ist ein solcher Versuch. Fünf freie Felder gibt es jedoch noch zu beschriften; die Begriffe *Gegenwart*, *Vergangenheit*, *Zukunft*, *Dauer*, *Vollendung* sollen nun so in die Übersicht eingetragen werden, daß sie sinnvoll zu den senkrechten und waagerechten Spalten passen. Wo gehören sie hin?

Einteilung der Tempora nach:		
	Präsens	Perfekt
	Imperfekt	Plusquamperfekt
	Futur I	Futur II

Ob wir jetzt die verschiedenen Tempora selbst bilden können?
Bilde von den beiden Verbformen *sie kommen* und *du lachst* die verschiedenen Zeitformen:

Präsens (Es geschieht jetzt.): *sie kommen*

du lachst

Perfekt (Es ist jetzt vollendet.): ____________________

____

Tempus

Imperfekt
(Es geschah einmal.): ____________________

____

Plusquamperfekt
(Es war bereits früher vollendet.): ____________________

____

Futur I (Es wird in der Zukunft geschehen.): ____________________

____

Futur II (Es wird in der Zukunft vollendet sein.): ____________________

____

Nun wollen wir prüfen, ob wir auch die verschiedenen Tempora erkennen können. Dazu belauschen wir einige alte Damen bei ihrer Unterhaltung:

„In meiner Jugend gab es noch keinen Straßenlärm vor meinem Fenster; heute dagegen rollen die Autos sogar nachts durch die Straßen. Der Verkehr beeinträchtigt meine Ruhe. Autos stören nur." „Das stimmt, meine Liebe. Die Technik verdirbt unser Leben. Wie wird es erst in hundert Jahren aussehen!" „Was ihr sagt, klingt überzeugend; aber ich glaube, wir vergessen die anderen Seiten: Erinnert ihr euch an unsere herrliche Busreise nach Belgien? Früher brauchten die Menschen für dieselbe Strecke, die wir heute in ein paar Stunden überbrücken, ein paar Tage — in einem schlecht gefederten Pferdewagen — auf einer holprigen Straße." „Oh, da drüben rast ein Rettungswagen! Hoffentlich wird er rechtzeitig im Krankenhaus ankommen ..."

1 Wortarten
1.3 Veränderungsmöglichkeiten

Schreibe alle Verbformen heraus; füge zu jeder Form ein passendes Personalpronomen hinzu und notiere, um welches Tempus es sich jeweils handelt.

Verbform mit passendem Personalpronomen: **Tempus:**

Tempus

Und damit wir in diesem wichtigen Kapitel noch sicherer werden, hören wir dem Streitgespräch dieser Jungen auch noch zu:

„Ich hatte dir doch gesagt, daß wir das so nicht schaffen. Wenn wir kein anderes Material verwenden, wird der Drachen nie fliegen." „Erstens hattest du überhaupt nichts davon gesagt, und zweitens stimmt das auch gar nicht. Mit meiner Folie wird unser Drachen nämlich doch steigen. Wir werden es ja sehen!" „Meinst du etwa, daß wir so lange warten, bis er dann doch nicht steigt? Dann werden wir umsonst geschuftet haben." „Mensch, im Geschäft haben sie mir diese Folie doch extra als Drachenfolie verkauft." „Warum hast du das nicht gleich gesagt?"

Schreibe auch aus diesem Text alle Verbformen heraus; füge zu jeder Form ein passendes Personalpronomen hinzu und notiere, um welches Tempus es sich jeweils handelt.

Verbformen mit passendem Personalpronomen:	Tempus:
______________________________ :	______________
______________________________ :	______________
______________________________ :	______________
______________________________ :	______________
______________________________ :	______________
______________________________ :	______________
______________________________ :	______________
______________________________ :	______________
______________________________ :	______________

1 Wortarten
1.3 Veränderungsmöglichkeiten

Verbformen mit passenden Personalpronomen: **Tempus:**

______________________: ______________

______________________: ______________

______________________: ______________

______________________: ______________

______________________: ______________

Und zum Schluß dieses Abschnitts noch eine kleine Kraftprobe:

Stark oder **schwach**?

Füge diese Silben zu Verben zusammen und lege sie in die passende Kiste:

fah — len — ten — tra — men — pen — stem — gen — schlep — ho — hal ren

Die Verben heißen: ______________ ______________

______________ ______________

______________ ______________

Tempus

Die schwachen Verben lauten:

Die starken Verben lauten:

1 Wortarten
1.3 Veränderungsmöglichkeiten

Aktiv/Tatform — Passiv/Leideform (Handlungsrichtung/Genus Verbi)

Nicht nur beim Völkerballspielen ist es von Bedeutung, ob man **selbst etwas tut** (d. h. hier: mit dem Ball einen Spieler der anderen Mannschaft trifft) oder ob man **von einem anderen etwas erleidet** (d. h. hier: von einem Gegenspieler getroffen wird.)

Um ausdrücken zu können, daß eine Handlung aktiv von mir ausgeht, daß ich also Urheber eines Geschehens bin, gibt es die Verbform **Aktiv,** die man sehr anschaulich auch als **Tatform** bezeichnet. Bei dem Satz *Inge trifft Fritz.* wird klar, daß Inge durch ihren Wurf einen Treffer bei Fritz hervorruft.

Aktiv/Tatform Passiv/Leideform

Soll dagegen ausgedrückt werden, daß man
ein Geschehen passiv über sich ergehen läßt,
daß man also Ziel einer fremden Handlung
ist, so gibt es hierfür die Verbform **Passiv,**
die man ebenso bildhaft auch **Leideform** nennt.
So wird in dem Satz *Fritz wird getroffen.*
deutlich, daß Fritz den Treffer erdulden muß.

Man bildet das Passiv, indem man das **Hilfsverb** *werden*
(in der gewünschten Tempusform)
hinzufügt und — falls möglich — die *Vorsilbe* ***ge-*** vor das Verb setzt.

Das Aktiv läßt sich von jedem Verb bilden,
das Passiv jedoch nicht.
Nur Verben, zu denen man sich ein Handlungs**ziel** denken
kann, lassen sich ins Passiv umwandeln.
Beispielsweise kann man zu dem
Verb *fangen* sich ein Ziel hinzudenken: *Die Katze fängt → die Maus.*
Dieses Verb läßt sich daher auch ins Passiv
setzen: *Die Maus* ***wird gefangen.***

Ähnlich ist es mit dem Verb *suchen:* *Die Amsel sucht → einen Nistplatz;*
Der Nistplatz ***wird gesucht.***

Anders dagegen verhält es sich mit Verben
wie lachen weinen leuchten verglühen
steigen fallen;
sie sind nicht auf ein Ziel gerichtet und können
daher nicht ins Passiv umgewandelt werden.

Verben, die auf ein Ziel gerichtet sind, heißen **zielende oder transitive Verben**
(lat. transire = hinübergehen);
sie können ein Passiv bilden.
Verben, die nicht auf ein Ziel gerichtet sind,
heißen **nicht-zielende oder intransitive Verben;**
sie lassen sich *nicht* ins Passiv setzen.

1 Wortarten
1.3 Veränderungsmöglichkeiten

Übungen

13.5 Hast du Adleraugen? Im folgenden Text wird an einer Stelle das **Passiv** verwendet. Wenn du es entdeckst, unterstreiche es.

Salomonisches Urteil

Es gibt ein Urteil, das dem berühmten Salomonischen an Weisheit nicht nachsteht, ja, es vielleicht noch übertrifft. Es wurde von einem schottischen Geistlichen gefällt.
Die zwei Brüder James und Donald Macpherson können sich über das Teilen der väterlichen Erbschaft nicht einigen. Sie wenden sich an den Geistlichen um Rat. Dieser denkt eine Weile nach und spricht:
„Ich gebe James Vollmacht, die Erbschaft nach seinem Gutdünken zu teilen.“
James lächelt. Donald macht eine protestierende Handbewegung.
Der Geistliche fährt fort:
„Und Donald gebe ich die Vollmacht, als ERSTER seinen Teil auszuwählen.“ Donald lächelt. James denkt sorgenvoll nach.

nach SIGISMUND VON RADECKI

Bei diesen Wegweisern haben sich zwei Schilder eingeschlichen, die gar nicht hierher gehören. Welche sind es?

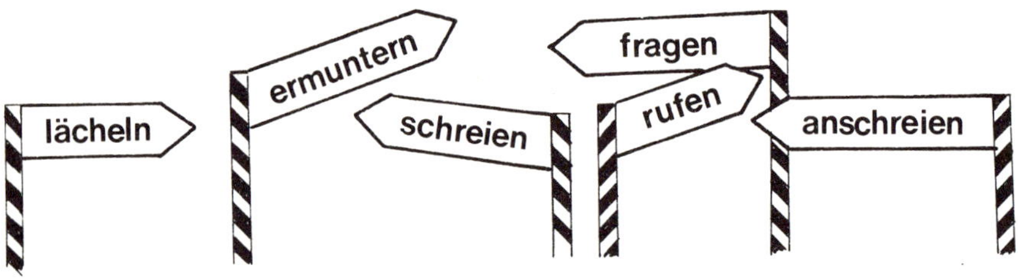

Die Wegweiser mit der Aufschrift ____________________ und ____________________ haben bei den **transitiven Verben** nichts zu suchen; sie können auch nicht ins Passiv gesetzt werden.

Indikativ, Konjunktiv, Imperativ

Indikativ/Wirklichkeitsform — Konjunktiv/Möglichkeitsform — Imperativ/Befehlsform (Aussageweise/Modus)

Alle Verbformen, die wir bisher kennengelernt haben, weisen eine Gemeinsamkeit auf: Sie drücken ein Ereignis so aus, wie es tatsächlich geschehen ist, geschieht oder geschehen wird. Wenn man z.B. sagt *Alexandra kaufte gestern einen Film*, so hat sie ihn wirklich gekauft; und wenn es heißt *Alexandra photographiert gern*, so stimmt auch dies; und wenn einer mitteilt, *Alexandra wird morgen ihren Photoapparat mitnehmen*, so wird dies nach menschlichem Ermessen auch tatsächlich eintreten.

Wenn man sich einer Sache ganz **sicher** ist, so verwendet man die Aussageweise der **Wirklichkeitsform,** des **Indikativs.** Sie ist immer dann geeignet, wenn eine Aussage ganz bestimmt zutrifft.

Nun gibt es aber auch Fälle, bei denen man sich seiner Sache gar nicht so sicher ist (z.B. *Ich glaubte, du* ***kämst***) oder bei denen das, was jemand sagt, nur ein Wunsch ist, der weit von der Wirklichkeit entfernt ist (z.B. ***Könnte*** *ich mich doch unsichtbar machen!*). Für solche Anlässe steht uns eine besondere Aussageweise zur Verfügung: die **Möglichkeitsform**/der **Konjunktiv.** Er ist immer dann einsetzbar, wenn eine Aussage etwas **ungewiß** ist. Viele Menschen haben jedoch eine Scheu, solche Formen anzuwenden, und helfen sich mit Umschreibungen wie z.B. *ich glaubte, du* ***würdest*** *kommen.*

Außer Indikativ und Konjunktiv kennt unsere Sprache noch eine weitere Aussageweise: die **Befehlsform**/den **Imperativ** (lat. imperare = befehlen). Daß man diese Verbform zum Ausdrücken eines **Befehls** oder einer **Aufforderung** benutzen kann, leuchtet angesichts dieser Beispiele wohl sofort ein:

hilf! geh! laß das bitte! komm doch her!

Übungen

13.6 Wenn das Wörtchen wenn nicht wär' .....

..... würden die Schulferien verlängert,

..... schriebe man keine Klassenarbeiten mehr,

..... gäbe es keine Zeugnisse mehr!

Die Wirklichkeit sieht leider anders aus; aber wir wollen den kleinen Wunschtraum ruhig einmal weiterdenken:

Wandle die letzten drei Sätze so um, daß sie kein Wunschtraum mehr sind, sondern die Mitteilung eines Schuldirektors an seine Schüler.

1 Wortarten

1.3 Veränderungsmöglichkeiten

Der Direktor gibt bekannt:

Ab sofort ______________________________

______________________________ *und*

____

35. Mai 1999

„Komm, Mucki, sei brav und gebe meinen Bleistift wieder her! Nehme dieses Stöckchen dafür!“ Wie gut, daß das Meerschweinchen keine Grammatik beherrscht! Die Imperative von *geben* und *nehmen* heißen im Singular nämlich: __________ und __________

Partizip/Mittelwort

Als letzte Verbform wird eine Form vorgestellt, die nur noch bedingt zu den Verben gehört. Es gibt nämlich vom Verb abgeleitete Formen, die einerseits als **Verben** verwendet werden, die andererseits jedoch auch als **Adjektive** eingesetzt werden können. Und weil sie in der Mitte zwischen Verb und Adjektiv stehen, nennt man sie **Mittelwörter** oder **Partizipien.**

Es lassen sich zwei Arten von Partizipien bilden:

— das Partizip Präsens

— das Partizip Perfekt.

Das **Partizip Präsens** bildet man, indem man an den Infinitiv des Verbs ein **-d** hängt; so entsteht z. B. aus dem Verb *schneiden* das Partizip Präsens *schneiden**d*** und aus dem Verb *kleben* das Partizip Präsens *kleben**d***.

Das **Partizip Perfekt** bildet man, indem man die Vorsilbe ***ge-*** — falls möglich — vor das Verb setzt. Die Endung lautet bei starken Verben dann (automatisch) ***-en***, bei schwachen Verben ***-t***; so entsteht z.B. aus dem starken Verb *schneiden* das Partizip Perfekt ***ge**schnitt**en*** und aus dem schwachen Verb *kleben* das Partizip Perfekt ***ge**kleb**t***.

Daß Partizipien einerseits als Verben, andererseits als Adjektive verwendet werden können, sollen folgende Beispiele verdeutlichen: *Das Papier wird geschnitten und geklebt*; hier wird das Partizip zur Bildung des Passivs — also als *Verb* — gebraucht (vgl. Seite 75). Aber: *Das geschnittene und geklebte Papier liegt auf dem Tisch*; hier wird das Partizip als normales *Adjektiv* zur Kennzeichnung des Papiers eingesetzt.

Partizip/ Mittelwort

Übungen

13.7 Nun wartet eine Detektiv-Aufgabe auf dich:
Im Kapitel über die Tempora der Verben sind **Partizipien** bereits vorgekommen, ohne daß dieser Name erwähnt wurde. Mit Hilfe des Partizips Perfekt werden nämlich mehrere Tempusformen gebildet.
Deine Detektiv-Aufgabe soll es nun sein herauszufinden, welche **Tempora** mit Hilfe des Partizip Perfekt gebildet werden. (Ein Geheimtip: Bei einigen Tempora kommt die Vorsilbe ge- vor!)

Folgende Tempora werden mit Hilfe des Partizips Perfekt gebildet:

____

____

____

Wie du an dem Beispiel *Das Papier wird geschnitten und geklebt* gesehen hast, wird auch bei der **Bildung des Passivs** das Partizip Perfekt benötigt.
Versuche nun, die Erläuterung zur Bildung des Passivs auf Seite 75 „eleganter“ zu formulieren:

Das Passiv wird gebildet, indem man ____

____

____

Zusammenfassende Übersicht

Das Verb ist wirklich reich an Ausdrucksformen. Ob du sie nun alle voneinander unterscheiden kannst?

1 Wortarten
1.3 Veränderungsmöglichkeiten

Übung

13.8 Fülle die freie Spalte der **zusammenfassenden Übersicht** aus:

Ein Verb kann ausdrücken:	Hierfür stehen zur Verfügung:	Sie heißen:
— wer etwas tut	3 Personen	
— wie viele etwas tun	2 Numeri (Anzahlformen)	
— wann etwas geschieht	6 Tempora (Zeiten)	

Konjugation
Zusammenfassung

Ein Verb kann ausdrücken:	Hierfür stehen zur Verfügung:	Sie heißen:
— ob jemand etwas selbst tut oder ob er es von einem anderen erleidet	2 Handlungsrichtungen (Genera Verbi)	
— ob etwas tatsächlich oder möglicherweise geschieht oder ob es geschehen soll	3 Aussageweisen (Modi)	

Da das vorige Kapitel über die Beugung der Verben recht umfangreich war, wird empfohlen, **drei Tage Ruhepause** einzulegen!!!

1 Wortarten

1.3 Veränderungsmöglichkeiten

Deklination der Substantive

Bei der Deklination der Substantive geht es bei weitem nicht so formenreich zu wie bei der Konjugation der Verben. Ein Substantiv kann nämlich nur ausdrücken, für welchen **Fall/Kasus** es eingesetzt werden soll und welche **Anzahl/Numerus** (Singular oder Plural) gemeint ist.

Vier Fälle/Kasus (im Plural spricht man das **u** von Kasus lang aus) sind hierbei möglich:

— **1. Fall**
— **2. Fall**
— **3. Fall**
— **4. Fall**

Und weil nach jedem Fall mit einem bestimmten Pronomen gefragt werden kann, haben sie auch die Bezeichnung:

Werfall — 1. Fall (Pronomen: wer?)
Wesfall — 2. Fall (Pronomen: wessen?)
Wemfall — 3. Fall (Pronomen: wem?)
Wenfall — 4. Fall (Pronomen: wen?)

Bei diesen Fallbezeichnungen gibt es zwei kleine Ungenauigkeiten im 1. und 4. Fall. Da ein Substantiv sich auf ein Lebewesen oder ein Ding beziehen kann, müßte der Werfall — genau genommen — Wer-oder-was-Fall heißen; denn nach einem Lebewesen fragt man *wer?* und nach einem Ding *was?* Dasselbe betrifft den Wenfall, der entsprechend Wen-oder-was-Fall heißen müßte. Weil die beiden genauen Bezeichnungen sich aber etwas umständlich anhören, verwendet man die knapperen Fachausdrücke Werfall und Wenfall.

Natürlich gibt es auch für alle Fälle noch die lateinischen Fachausdrücke, die international in Gebrauch sind; und so lauten die Fallformen:

Nominativ — Werfall — 1. Fall
— z.B. *der Weg*
Genitiv — Wesfall — 2. Fall
— z.B. *des Weges*
Dativ — Wemfall — 3. Fall
— z.B. *dem Weg(e)*
Akkusativ — Wenfall — 4. Fall
— z.B. *den Weg*

Soll nun ein Substantiv **gebeugt/dekliniert** werden, so werden an den **Wortstamm** bestimmte **Endungen** gehängt (vgl. auch Seite 57). Zur Veranschaulichung darf man den Begriff **Beugung** durchaus wörtlich nehmen:

So wie der Körper eines Menschen sich für bestimmte Aufgaben beugen muß, so läßt

Deklination/Beugung der Substantive

sich auch ein Wort in eine bestimmte Form bringen: Der Kern des Wortes bleibt hierbei gleich, es ändern sich nur seine „Gliedmaßen" (die Endung).
Für die Bildung der vier Fälle stehen uns drei **Deklinationsarten** zur Verfügung, die
— starke Deklination
— schwache Deklination
— gemischte Deklination.

Eine **starke Deklination** liegt vor, wenn das Substantiv im Genitiv Singular die Endung ***-(e)s*** aufweist und die Endung ***-(e)n*** in keiner anderen Form als im Dativ Plural auftritt.

In den Pluralformen der starken Substantive können zusätzlich noch Veränderungen des Stammvokals auftreten. (So können die Vokale *a*, *o* und *u* zu den **Umlauten** *ä*, *ö* und *ü* werden; z. B. *der Saft — die Säfte*, *der Topf — die Töpfe*, *das Tuch — die Tücher*)
Bei dem zweiten Beispiel müßtest du dich eigentlich wundern; sollte nicht im Genitiv Singular die Endung -(e)s stehen? Da alle **weiblichen Substantive im Singular jedoch endungslos** sind, suchen wir die Endung *-(e)s* vergeblich. Das andere Erkennungsmal einer starken Deklination liegt jedoch auch hier vor: die Endung *-en* im Dativ Plural.

Beispiel:

		Singular	Plural
Nominativ	(wer oder was?)	der Tag	die Tage
Genitiv	(wessen?)	des Tages	der Tage
Dativ	(wem?)	dem Tag(e)	den Tagen
Akkusativ	(wen oder was?)	den Tag	die Tage

oder

		Singular	Plural
Nominativ	(wer oder was?)	die Nacht	die Nächte
Genitiv	(wessen?)	der Nacht	der Nächte
Dativ	(wem?)	der Nacht	den Nächten
Akkusativ	(wen oder was?)	die Nacht	die Nächte

1 Wortarten
1.3 Veränderungsmöglichkeiten

Eine **schwache Deklination** liegt vor, wenn außer dem Nominativ Singular (bei femininen Substantiven: außer allen Singular-Formen) sämtliche Deklinationsformen die Endung -*(e)n* tragen.

Beispiel:

		Singular	**Plural**
Nominativ	(wer oder was?)	der Mensch	die Mensch**en**
Genitiv	(wessen?)	des Mensch**en**	der Mensch**en**
Dativ	(wem?)	dem Mensch**en**	den Mensch**en**
Akkusativ	(wen oder was?)	den Mensch**(en)**	die Mensch**en**

oder

		Singular	**Plural**
Nominativ	(wer oder was?)	die Pflanze	die Pflanze**n**
Genitiv	(wessen?)	der Pflanze	der Pflanze**n**
Dativ	(wem?)	der Pflanze	den Pflanze**n**
Akkusativ	(wen oder was?)	die Pflanze	die Pflanze**n**

Eine **gemischte Deklination** liegt vor, wenn der Singular stark und der Plural schwach gebeugt wird.

Beispiel:

		Singular	**Plural**
Nominativ	(wer oder was?)	das Auge	die Auge**n**
Genitiv	(wessen?)	des Auge**s**	der Auge**n**
Dativ	(wem?)	dem Auge	den Auge**n**
Akkusativ	(wen oder was?)	das Auge	die Auge**n**

oder

		Singular	**Plural**
Nominativ	(wer oder was?)	der Strahl	die Strahl**en**
Genitiv	(wessen?)	des Strahls	der Strahl**en**
Dativ	(wem?)	dem Strahl	den Strahl**en**
Akkusativ	(wen oder was?)	den Strahl	die Strahl**en**

Starke, schwache und gemischte Deklination

Man erkennt an diesen beiden Beispielen, daß die Singularformen das besondere Merkmal der starken Deklination (Endung ***-(e)s*** im Genitiv) aufweisen und die Pluralformen das besondere Merkmal der schwachen Deklination (alle Endungen lauten ***-(e)n***).

Da alle Substantive bekanntlich ein bestimmtes Geschlecht/Genus haben (vgl. Seite 19), könnte man jetzt noch feststellen, welcher Zusammenhang zwischen dem Geschlecht (maskulinum, femininum, neutrum) und der Deklinationsart (stark, schwach, gemischt) besteht. Solche Spezialfragen wollen wir jedoch Spezialisten überlassen.

14.1 Zunächst wollen wir einen kleinen Ausflug zu dem Dichter Christian Morgenstern unternehmen.

Der Werwolf

Ein Werwolf eines Nachts entwich
von Weib und Kind und sich begab
an eines Dorfschullehrers Grab
und bat ihn: „Bitte, beuge mich!“

Der Dorfschulmeister stieg hinauf
auf seines Blechschilds Messingknauf
und sprach zum Wolf, der seine Pfoten
geduldig kreuzte vor dem Toten:

„Der Werwolf“, sprach der gute Mann,
„des Weswolfs, Genitiv sodann,
dem Wemwolf, Dativ, wie mans nennt,
den Wenwolf, — damit hats ein End.“

Dem Werwolf schmeichelten die Fälle,
er rollte seine Augenbälle.
„Indessen“, bat er, „füge doch
zur Einzahl auch die Mehrzahl noch!“

Der Dorfschulmeister aber mußte
gestehn, daß er von ihr nichts wußte.
Zwar Wölfe gäbs in großer Schar,
doch ‚Wer‘ gäbs nur im Singular.

Der Wolf erhob sich tränenblind —
er hatte ja doch Weib und Kind!!
Doch da er kein Gelehrter eben,
so schied er dankend und ergeben.

CHRISTIAN MORGENSTERN

1 Wortarten
1.3 Veränderungsmöglichkeiten

Da du bezüglich der **Deklination** jetzt schon ein kleiner „Gelehrter" bist, könntest du dem Werwolf das antworten, was der Dorfschulmeister offensichtlich nicht wußte. Der Werwolf hat nämlich gar keinen Grund, betrübt zu sein, denn die Interrogativpronomen *wer? wessen? wem? wen?* fragen nicht nur

____

____

14.2 Und wie sieht die grammatische **Beugung** aus bei *Vater*, *Mutter* und *Kind?* Werden sie **stark, schwach** oder **gemischt** dekliniert?
Am besten schreibst du dir alle Deklinationsformen auf:

Vater	**Singular**	**Plural**
Nominativ (wer oder was?)	__________	__________
Genitiv (wessen?)	__________	__________
Dativ (wem?)	__________	__________
Akkusativ (wen oder was?)	__________	__________

Mutter	**Singular**	**Plural**
Nominativ (wer oder was?)	__________	__________
Genitiv (wessen?)	__________	__________
Dativ (wem?)	__________	__________
Akkusativ (wen oder was?)	__________	__________

Deklination

Kind		Singular	Plural
Nominativ	(wer oder was?)	____________	____________
Genitiv	(wessen?)	____________	____________
Dativ	(wem?)	____________	____________
Akkusativ	(wen oder was?)	____________	____________

Wenn du nun die besonderen Merkmale der starken, schwachen und gemischten Deklination überprüfst, weißt du die Antwort:

Vater wird ____________________ dekliniert,

Mutter wird ____________________ dekliniert, und

Kind wird ____________________ dekliniert.

1 Wortarten
1.3 Veränderungsmöglichkeiten

14.3 Wie gut, daß Deutsch unsere Muttersprache ist; auf diese Weise sprechen wir meist ohne längeres Überlegen richtig. Wie aber mag es unserer Freundin Jane ergehen, die seit zwei Jahren Deutsch als Fremdsprache lernt? Sie sitzt über ihren Schularbeiten und schreibt:

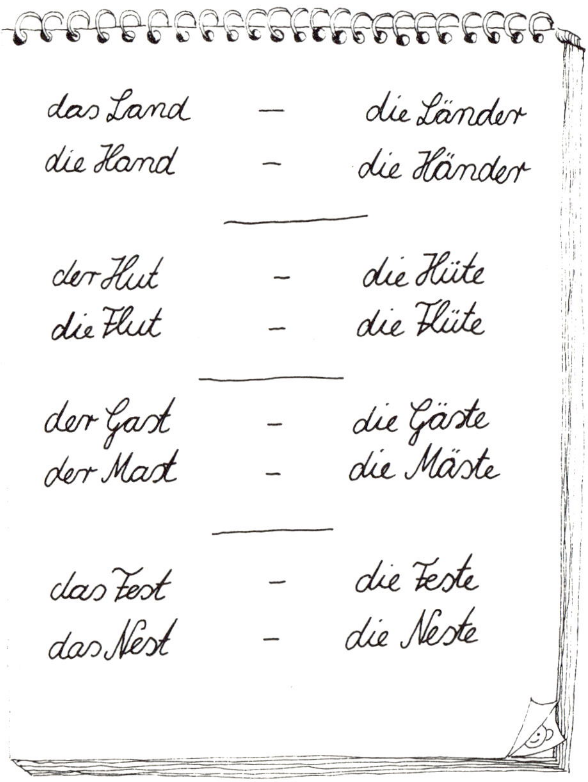

Als sie am nächsten Tag ihr Heft wiederbekommt, ist sie sehr erstaunt über ihre Fehler; sie hatte sich doch solche Mühe gegeben!
Klammere die falsch gebildeten **Pluralformen** ein und schreibe wie eine „Lehrerin“ die richtigen Formen daneben.

Deklination/Beugung der Substantive

14.4 In der kommenden Woche sitzt Jane wieder über ihren Schularbeiten. Heute soll sie neun beliebige Substantive suchen und den **Singular** mit dem **Plural** vergleichen. Sie wählt die Wörter: *Apfelsine*, *Hunger*, *Schale*, *Ferien*, *Schlaf*, *Eltern*, *Schnee*, *Leute*, *Schlitten* und knobelt und knobelt. Irgendetwas stimmt bei einigen Substantiven nicht. Endlich kommt ihr älterer Bruder hinzu und findet die Ursache für ihre Schwierigkeiten:

„Drei Wörter hast du günstig ausgesucht, nämlich die Wörter ____________________

____________________; von ihnen lassen sich (wie von den meisten deutschen Wörtern) Singular- **und** Pluralformen bilden; aber bei den anderen Wörtern hast du Pech: Von den

Substantiven ____ läßt sich eben nur der

Singular bilden, und die Substantive ____ gibt es nur im Plural."

14.5 Bei einigen Substantiven allerdings müssen auch wir Deutschen nachdenken: bei **Fremdwörtern.** Oder weißt du auf Anhieb die Pluralformen von:

das Thema — die ____________________

der Rhythmus — die ____________________

der Atlas — die ____________________

das Album — die ____________________

das Museum — die ____________________

das Lexikon — die ____________________

das Komma — die ____________________

1 Wortarten
1.3 Veränderungsmöglichkeiten

Deklination der übrigen veränderbaren Wörter

Nun erwartest du sicherlich, daß jetzt die Deklinationsformen der übrigen veränderbaren Wörter (Artikel, Adjektiv, Pronomen und Numerale) einzeln dargestellt werden.

Das Deklinieren geht jedoch immer nach demselben Schema vor sich: Die Wörter werden im **Singular** und im **Plural** in die bekannten **vier Fälle** gesetzt:

Nominativ
Genitiv
Dativ
Akkusativ

Dies kannst du dir auch merken, ohne daß wir jetzt bei jeder Wortart üben, wie die einzelnen Deklinationsformen genau aussehen. (Hast du übrigens gemerkt, daß wir unbeabsichtigt beim Deklinieren der Substantive bereits die Deklination der bestimmten **Artikel** und einiger **Interrogativpronomen** angewendet haben? Die Interrogativpronomen *wer? wessen? wem? wen? was?* haben uns geholfen, jeweils die richtige Endung des Substantivs zu finden, und die Artikel *der, die, das* haben wir als Begleiter der Substantive stets mitdekliniert.)

Besonderheiten bei der Beugung aller deklinierbaren Wörter (Substantiv, Artikel, Adjektiv, Pronomen und Numerale)

Zwei Besonderheiten muß man sich beim Deklinieren aller dieser Wörter gut einprägen:

1. Gehören mehrere Wörter sinngemäß in einem Satz zusammen, so müssen sie auch grammatisch zueinander passen. Z.B. gehören in dem Satz *Die alte, knorrige Eiche wird bald gefällt werden.* die Wörter *Die alte, knorrige Eiche* (Artikel, zwei Adjektive, Substantiv) sinngemäß zusammen; eine Nachprüfung ihrer Deklinationsform ergibt, daß sie alle demselben Fall angehören: Nominativ Singular, femininum. Und in dem Satz *Die Rinde ihres brüchigen Stammes ist schon ganz rissig.* gehört die Wortgruppe *ihres brüchigen Stammes* (Possessivpronomen, Adjektiv, Substantiv) sinnmäßig zusammen; diese inhaltliche Zusammengehörigkeit zeigt sich auch grammatisch: Alle Wörter bilden dieselbe Deklinationsform Genitiv Singular, maskulinum.

Bei dieser **gegenseitigen Angleichung** der Wörter spielt das **Substantiv** die führende Rolle. Die übrigen Wörter müssen sich nach ihm richten. (In den beiden Beispielsätzen sind die Substantive *Eiche* und *Stamm* beherrschend.)

Deklination
Lenkung/Rektion

2. So mächtig Substantive in Beziehung zu anderen deklinierbaren Wörtern auch sind, oft genug aber werden sie wiederum von zwei anderen Wortarten beherrscht, man sagt mit dem Fachausdruck sogar: Sie werden von ihnen **regiert.**

Verben und Präpositionen nämlich sind in der Lage, von sich aus den Fall der Substantive, die jeweils zu ihnen gehören, zu bestimmen.
So gibt es Verben und Präpositionen, die den **Genitiv** regieren, während andere den **Dativ** oder **Akkusativ** fordern.

Beispiel:

	Verben, die		**Präpositionen,** die	
den **Genitiv** regieren:	*gedenken* *bedürfen* *sich erinnern*	(wessen?) (wessen?) (wessen?)	*abseits* *bezüglich* *aufgrund*	(wessen?) (wessen?) (wessen?)
den **Dativ** regieren:	*nützen* *folgen* *ähneln*	(wem?) (wem?) (wem?)	*aus* *bei* *mit*	(wem?) (wem?) (wem?)
den **Akkusativ** regieren:	*loben* *legen* *schieben*	(wen oder was?) (wen oder was?) (wen oder was?)	*für* *gegen* *durch*	(wen oder was?) (wen oder was?) (wen oder was?)

Übungen

14.6 Ergänze die fehlenden Buchstaben:

„Leihst du mir heute dein_____ schön_____, neu_____ Umhängetasche?"

„Ja, aber laß sie nicht in de_____ vol_______ Bus liegen!"

Prüfe nun, ob die inhaltlich zusammengehörenden Wörter auch grammatisch zueinander passen. Versuche hierzu herauszufinden, ob sie alle **dieselbe Deklinationsform** vertreten (Fall/Kasus, Anzahl/Numerus, Geschlecht/Genus).

2 Satzbau
2.1 Die wichtigsten Satzglieder

Die Wörter *dein, schön, neu* und *Umhängetasche* stehen alle in der Deklinationsform:

____

Die Wörter *der, voll* und *Bus* stehen alle in der Deklinationsform:

____

14.7 Welche beiden Wörter **regieren** hier den falschen Fall?

Das Wort ______________ müßte den ______________ regieren,

das Wort ______________ müßte den ______________ regieren.

Hauptsatz Gliedsatz

2.1 Die wichtigsten Satzglieder: Wir bauen einen einfachen Satz.

Unter einem **Satz** verstehen wir einen **in sich geschlossenen Sinn-Abschnitt unseres Sprechens.** Daß solche Sinneinheiten jeweils aus **Wörtern** bestehen, versteht sich von allein.
Welche Aufgaben können die verschiedenen Wörter in einem Satz übernehmen? Kann jede Wortart nur eine einzige **Aufgabe im Satz** erfüllen, oder ist sie an mehreren Stellen einsetzbar?
Welche **Baugesetze** gelten innerhalb eines Satzes bzw. welche unsichtbaren Regeln wendet man beim Sprechen an, um die einzelnen Wörter aufeinander abzustimmen?
Welche **Satzzeichen** gliedern einen Satz bzw. braucht man überhaupt Satzzeichen?

Die letzte Frage kann sofort beantwortet werden anhand eines kleinen Poesiealbum-Verses, der lautet:

Alles Böse wünsch ich dir
fern vom Leibe bleibe mir
alles Unglück treffe dich
niemals denk an mich!

Schreibt man wohl einen so unfreundlichen Vers ins Poesiealbum? Bei näherem Hinsehen ist dieser Vers jedoch gar nicht so unfreundlich, wenn man ihn an den richtigen Stellen mit Satzzeichen versieht; er heißt dann nämlich:

Alles Böse wünsch ich dir
fern vom Leibe. Bleibe mir
alles! Unglück treffe dich
niemals! Denk an mich!

Satzzeichen scheinen also notwendig zu sein, um in einem geschriebenen oder gedruckten Text die **Sprechpausen** zu kennzeichnen. Wir werden daher bei unserer Untersuchung von Sätzen auch prüfen, an welchen Stellen ein Satzzeichen am Platze ist.

Welche Sätze gibt es denn?
Grundsätzlich lassen sich zwei Satzarten unterscheiden:

1. **selbständige Sätze,** die von keinem anderen Satz abhängen und die man daher auch **Hauptsätze** nennt;
Jochen und Renate laufen Rollschuh.

2. **unselbständige Sätze,** die von einem anderen Satz abhängen, die also für sich allein keinen Sinn ergeben
weil heute so schönes Wetter ist;
dieser Satz ergibt erst dann einen richtigen Sinn, wenn man ihn zu einem Hauptsatz fügt, beispielsweise zu dem obengenannten Satz.

2 Satzbau

2.1 Die wichtigsten Satzglieder

Es entsteht dann das **Satzgefüge:**

Jochen und Renate laufen Rollschuh, weil heute so schönes Wetter ist.

Sätze, die nicht für sich allein stehen können, nennt man **Nebensätze,**
und weil sie erst als Glied eines Hauptsatzes einen richtigen Sinn bekommen, heißen sie auch **Gliedsätze.**

Der **einfache Satz** besteht aus zwei Satzgliedern:
dem **Satzgegenstand/Subjekt** und
der **Satzaussage/dem Prädikat.**

Das Flugzeug ist ein Verkehrsmittel.
Das Flugzeug startet.
Es fliegt.
Die Stewardeß ist freundlich.

Eine Besonderheit stellt hierbei der **Imperativ** dar:

Geh! Lies! Lauf!

In Imperativen sind **Subjekt und Prädikat** versteckt enthalten.

Subjekt/Satzgegenstand

Das **Subjekt/der Satzgegenstand** nennt die Person oder Sache, um die sich der ganze Satz dreht, sozusagen den „Kopf" des Satzes. Das Subjekt bezeichnet also den Träger der Aussage: Von ihm soll etwas ausgesagt werden.

Man findet das Subjekt, indem man mit dem Prädikat fragt: **wer oder was?**

Für die vier Beispielsätze lauten diese Fragen mit den Antworten:

Wer oder was ist ein Verkehrsmittel?
Wer oder was startet?
Wer oder was fliegt?
Wer oder was ist freundlich?

Das Flugzeug ist ein Verkehrsmittel.
Das Flugzeug startet.
Es fliegt.
Die Stewardeß ist freundlich.

Aus dieser Frage wird bereits erkennbar, daß das Subjekt immer im **Nominativ** steht (vgl. S. 82).

Subjekt/Satzgegenstand Prädikat/Satzaussage

Das Subjekt besteht meistens aus:	
— einem **Substantiv**	*Das Flugzeug* ist ein Verkehrsmittel. *Das Flugzeug* startet. *Die Stewardeß* ist freundlich.
— einem **Pronomen**	*Es* fliegt.

Prädikat/Satzaussage

Das „Rückgrat“ des Satzes wird durch	das **Prädikat/die Satzaussage**
gebildet. Das Prädikat ist der wichtigste Teil, der Aussagekern eines Satzes und gibt Auskunft über das,	**was** von der Person oder Sache (dem **Subjekt**) **ausgesagt wird** (Handlung, Vorgang, Zustand).
Man findet das Prädikat durch die Frage:	**Was wird von dem Subjekt ausgesagt?**
Für die vier Beispielsätze lauten diese Fragen mit den Antworten:	
Was wird von dem Flugzeug **ausgesagt?**	Das Flugzeug *ist ein Verkehrsmittel.*
Was wird von dem Flugzeug **ausgesagt?**	Das Flugzeug *startet.*
Was wird von ihm **ausgesagt?**	Es *fliegt.*
Was wird von der Stewardeß **ausgesagt?**	Die Stewardeß *ist freundlich.*
Das Prädikat enthält immer	ein **konjugiertes Verb.**
Es handelt sich meist um	
— ein **Vollverb**	Das Flugzeug *startet.* Das Flugzeug *fliegt.*
— das **Hilfsverb** *sein* **mit einer Ergänzung** Diese Ergänzung kann bestehen aus:	
— einem **Adjektiv** (ohne Endung)	Die Stewardeß ist *freundlich.*
— einem **Substantiv** (im Nominativ)	Das Flugzeug ist *ein Verkehrsmittel.*
Da von diesen beiden Prädikatsteilen das Hilfsverb *sein* den wichtigeren Teil darstellt, nennt man es	**Prädikatskern;**
die Ergänzung heißt	**Prädikatsnomen.**

2 Satzbau
2.1 Die wichtigsten Satzglieder

Das Prädikat muß sich durch Konjugation auf das Subjekt einstellen; d. h. die Personalform des Verbs muß sich in Person und Numerus (Singular und Plural) dem Subjekt anpassen.

Das Flugzeug fliegt. Die Flugzeuge fliegen.

Solche *formale Übereinstimmung* von Subjekt und Prädikat bezeichnet man als **Kongruenz.**

Diese Kongruenzforderung verdient besonders dann Beachtung, wenn man mehrere Subjekte aufzählt:

Das Flugzeug, das Schiff und das Auto *sind* Verkehrsmittel.

Durch Aufzählung mehrerer einzelner Verkehrsmittel steht in diesem Satz das Subjekt im Plural, und das Prädikat muß sich bei seiner Personalform danach richten.

Ist dir bei dem letzten Beispielsatz für die Aufzählung von Subjekten etwas Besonderes aufgefallen? Schau ihn dir noch einmal in Ruhe an: *Das Flugzeug, das Schiff und das Auto sind Verkehrsmittel.* Du merkst, der Satz enthält ein **Komma**. Warum? Bei **Aufzählung gleichartiger Satzglieder** trennt man die einzelnen Satzglieder durch ein Komma. Und warum steht dann zwischen dem Wort *Schiff* und dem folgenden Wort *und* kein Komma? Bei Aufzählung gleichartiger Satzglieder steht nur dann zwischen den einzelnen Satzgliedern ein Komma, wenn nicht bereits eine nebenordnende Konjunktion (wie *und* oder *oder*) diesen Platz eingenommen hat; es wird also entweder ein Komma oder eine Konjunktion gesetzt.
Wir haben auf diese Weise die erste Zeichensetzungsregel gefunden, die üblicherweise folgenden Wortlaut hat:

Zeichensetzungsregel 1

Gleichartige Satzglieder einer Aufzählung werden durch ein Komma voneinander getrennt, wenn sie nicht verbunden sind durch:

und, oder, wie, als, sowie, sowohl – als auch, entweder – oder, weder – noch.

Beispiel:
Ostern, Pfingsten und Weihnachten sind Feiertage. Hier werden mehrere Subjekte aufgezählt; zwischen *Pfingsten* und *Weihnachten* steht wegen der Konjunktion *und* kein Komma. *Regnet, hagelt oder schneit es?* Hier werden mehrere Prädikate aufgezählt; zwischen *hagelt* und *schneit* steht wegen der Konjunktion *oder* kein Komma. *Ferien sind sowohl erholsam als auch abwechslungsreich.* Hier werden zwei Prädikatsnomen aufgezählt; wegen der Kon-

junktion *sowohl — als auch* steht zwischen ihnen kein Komma.

Und welches Satzzeichen steht am **Ende eines Satzes**? Daß am Ende eines Aussagesatzes ein **Punkt** steht (z.B. *Du gehst.*), am Ende eines Fragesatzes ein **Fragezeichen** (z.B. *Gehst du?*) und am Ende eines Befehlssatzes/Ausrufesatzes/Wunschsatzes ein **Ausrufezeichen** (z.B. *Geh!*), ist sicher längst für dich selbstverständlich; wir brauchen diese Regeln also nicht mehr gesondert hervorzuheben.

Welches Satzzeichen aber setzt man, wenn man **mehrere Hauptsätze** aneinanderreiht, wenn man also eine **Satzreihe** bildet? *Der Herbst naht, und das Obst ist reif.* Hier muß in jedem Fall ein **Komma** zwischen den beiden Hauptsätzen stehen; es spielt dabei keine Rolle, ob zwischen ihnen außerdem noch eine Konjunktion — wie in dem Beispielsatz die Konjunktion *und* — steht. Unsere zweite Zeichensetzungsregel heißt also:

Zeichensetzungsregel 2

Aneinandergereihte Hauptsätze einer Satzreihe werden immer durch ein Komma voneinander getrennt.

Beispiel:
Die Sonne scheint, und das Meer glitzert. Der Mond geht auf, und die Sterne funkeln. Beide Satzreihen enthalten jeweils zwei Hauptsätze, d. h. Sätze, die Subjekt und Prädikat besitzen und von keinem anderen Satz abhängen.

Als **Zusammenfassung** dieses Kapitels soll eine Graphik das, was wir gelernt haben, bildlich veranschaulichen: Für das Subjekt wird die Abkürzung **S**, für das Prädikat die Abkürzung **P** verwendet, wenn es sich um ein Vollverb handelt; besteht das Prädikat jedoch aus einem Prädikatskern mit einem Prädikatsnomen, so lauten die Abkürzungen **PK** und **PN**.
Will man nun darstellen, daß ein einfacher Satz — und damit jeder beliebige Satz — immer ein Subjekt und ein Prädikat enthalten muß, so entsteht die Graphik:

Einfacher Satz: (S)——(P)

oder (S)——((PK)—(PN))

Der Verbindungsstrich zwischen beiden Satzgliedern bedeutet, daß sich **logisch** das Subjekt immer auf das Prädikat und das Prädikat immer auf das Subjekt bezieht.

Übungen

15.1 Bestimme in allen Sätzen des folgenden Textes das **Subjekt** (Frage: wer oder was?) und das **Prädikat** (Frage: Was wird von dem Subjekt ausgesagt?); unterstreiche das Subjekt mit einem einfachen Strich und das Prädikat mit einem Doppelstrich. (Achtung! Beide Satzglieder können auch mehrfach in einem einzigen Satz vorkommen, vgl. **Seite 96!**)

2 Satzbau
2.1 Die wichtigsten Satzglieder

Die Schnecke

An einem Bahndamm wohnte eine Schnecke. Alle Tage schimpfte sie über einen vorbeisausenden Schnellzug; denn dieser störte ihre Ruhe. „Das treibe ich ihm aus!" murmelte die Schnecke. Am nächsten Tag hockte sie zwischen den Gleisen. Bald hörte sie den Zug. Drohend zeigte sie ihre Fühler und rief grimmig: „Niederstoßen werde ich ihn!" Der Zug kam heran und brauste über die Schnecke hinweg. Die Schnecke sah den Davoneilenden. „Der Schnellzug reißt aus", brummte sie mit Verachtung, „er ist ein Feigling!"

nach Paul Keller

15.2 Stelle die folgenden **Sätze graphisch** dar:

(1) Die Schnecke ist selbstbewußt.

(2) Der Zug kommt.

(3) Er ist ein Feigling.

(4) Der Zug ist vorübergefahren.

15.3 Überlege, welche **Wortarten** jeweils für das Subjekt und das Prädikat verwendet werden, und fülle die Tabelle aus.

Wortart	Text	Satzglied
______	Die	______
______	Schnecke	______
______	ist	______
______	selbstbewußt.	______

Einfacher Satz

Wortart	Text	Satzglied
______	Der	______
______	Zug	______
______	kommt.	______
______	Er	______
______	ist	______
______	ein	______
______	Feigling.	______
______	Der	______
______	Zug	______
______	ist	______
______	vorübergefahren.	______

15.4 Kreuze jeweils die richtige Antwort an:

a) Hat das **Adjektiv** eine Endung, wenn es als **Prädikatsnomen** verwendet wird (vgl. Satz 1)?
☐ es hat eine Endung ☐ es hat keine Endung

b) In welchem Fall steht das **Prädikatsnomen,** wenn es ein **Substantiv** ist (vgl. Satz 3)?
☐ im Nominativ ☐ im Genitiv ☐ im Dativ ☐ im Akkusativ

c) In welchem **Tempus** steht das Prädikat in Satz 4?
☐ im Präsens ☐ im Perfekt ☐ im Imperfekt ☐ im Plusquamperfekt ☐ im Futur I
☐ im Futur II

2 Satzbau
2.1 Die wichtigsten Satzglieder

15.5 Unter die Lupe genommen:

a) Er ist gekommen.
b) Er ist freundlich.
c) Er ist ein Beamter.

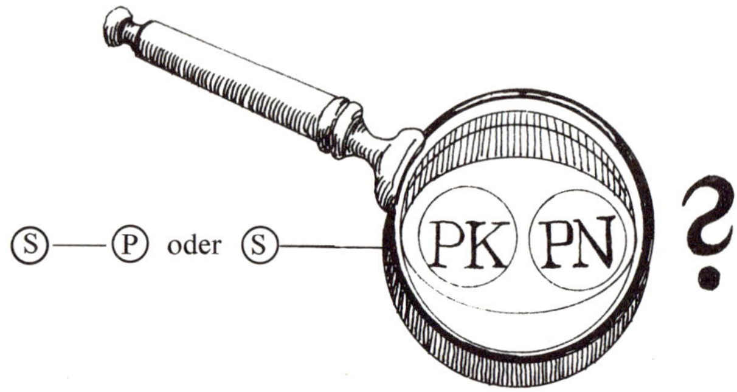

Diese Sätze sehen auf den ersten Blick so aus, als seien sie grammatisch gleich gebaut. Nehmen wir sie einmal unter die Lupe, besonders die Wörter, die außer dem Hilfsverb *sein* noch im Prädikat vorkommen: das Verb *kommen*, das Adjektiv *freundlich* und das Substantiv *Beamter:* Und jetzt ist alles klar:

Gehört — wie in Satz a) — ein **Verb** zu dem Hilfsverb *sein*, so handelt es sich um den Fall:

(S)——(P)
Ich bin *geklettert.*
Du bist *gelaufen.*
Er ist *gesprungen.*

Gehört jedoch — wie in Satz b) und c) — ein **Adjektiv** oder ein **Substantiv** zu dem Hilfsverb *sein*, so handelt es sich um den Fall:

(S)——((PK)-(PN))
Wir sind *zuversichtlich.*
Wir sind Vereinsmitglieder.
Ihr seid *einsatzbereit.*
Ihr seid Sportler.
Sie sind *begabt.*
Sie sind Meister.

Entscheide dich nun bei jedem Satz, ob das Prädikat durch (P) oder ((PK)-(PN)) dargestellt werden müßte, und zeichne die passende Graphik daneben:

Die Wanderer sind müde.

Sie sind stehengeblieben.

Die Sonne ist fortgegangen.

Das Wetter ist kühl.

Das Ziel war ein Gasthof.

Ein Wanderer war vorausgeeilt.

Die anderen waren nachgekommen.

Der Gasthof war gemütlich.

15.6 Im nachstehenden Zusatztext fehlen vier Satzzeichen. Setze sie ein und begründe sie.

Die Schnecke ist weder ängstlich noch schüchtern. Sie schimpft und die Blumen Gräser und Steine hören zu. Der Zug naht. Die Grasstengel wanken die Blumenblätter wehen aber die Steine sind unbeweglich.

Hinter dem Wort ____________________ steht ein Komma wegen Regel ______________.

Hinter dem Wort ____________________ steht ein Komma wegen Regel ______________.

Hinter dem Wort ____________________ steht ein Komma wegen Regel ______________.

Hinter dem Wort ____________________ steht ein Komma wegen Regel ______________.

2 Satzbau
2.2 Weitere nützliche Satzglieder

2.2 Weitere nützliche Satzglieder: Wir erweitern einen Satz.

Einfache Sätze, die nur aus Subjekt und Prädikat bestehen, kommen in unserem Alltag nicht sehr häufig vor.
Das hat mehrere Ursachen: Zum einen klingen sie wegen ihrer Kürze manchmal etwas „abgehackt", und man bemüht sich daher um eine fließendere Sprache. Zum anderen möchte man oft etwas genauer ausdrücken, und dazu benötigt man zusätzliche Satzglieder (z. B. *Die Pfadfinder singen.* → *Die Pfadfinder singen ein Volkslied. Die Pfadfinder singen ein Wanderlied.*). Außerdem gibt es zahlreiche Vollverben, die als Prädikat zusammen mit einem Subjekt noch keinen vollständigen Sinn ergeben, weil sie von sich aus auf eine Ergänzung eingestellt sind. (Z. B. *Der Bäcker holt ... Die Sekretärin bringt ... Der Schaffner knipst ... Der Richter glaubt ...*).
Für solche Fälle lassen sich **einfache Sätze erweitern,** indem man ihnen weitere nützliche Satzglieder hinzufügt.

Das Objekt/die Satzergänzung

Objekte ergänzen in einem Satz das Prädikat; sie sind also **Satzergänzungen,** die sich logisch immer auf das Prädikat beziehen.
Wenn man den Begriff **Objekt** mit dem Buchstaben **O** abkürzt, so kann man diesen Sachverhalt anschaulich so darstellen:

(S)——(P)——(O)

Es gibt vier verschiedene Arten von Objekten:

Akkusativ-Objekt/Satzergänzung im 4. Fall

Das **Akkusativ-Objekt** gibt das Ziel einer Handlung an; d. h. es bezeichnet die Person oder Sache, auf die sich eine Handlung unmittelbar richtet.
Daß man die Verben, die auf ein Ziel gerichtet sind, transitive Verben nennt, weißt du bereits aus dem Kapitel über das Passiv (vgl. S. 75).

Du findest das Akkusativ-Objekt in einem Satz, indem du mit dem Subjekt und dem Prädikat fragst:

wen oder **was**?

Der Matrose beobachtet die Windrichtung.

Wen oder was beobachtet der Matrose?
Der Matrose beobachtet *die Windrichtung.*

Die Windrichtung ist das Ziel seines Beobachtens.

Er setzt das Segel.

Wen oder was setzt er?
Er setzt *das Segel.*

Das Segel ist das Ziel seines Setzens.

Akkusativ-Objekt/ Satzergänzung im 4. Fall

Das Akkusativ-Objekt besteht meistens aus:

— einem **Substantiv** — Die Schüler trinken *Milch.*

— einem **Pronomen** — Der Hausmeister verkauft *sie.*

An dieser Stelle ist ein Hinweis nötig, auf eine Gruppe von Wörtern, die — genau genommen — als Akkusativ-Objekte verwendet werden, die aber bereits so eng mit dem Verb verschmolzen sind, daß sie nicht mehr als selbständige Objekte empfunden werden:
Das sind die Verben, die nicht ohne den Akkusativ des Personalpronomens gebraucht werden können, z. B.

sich beeilen   sich freuen   sich weigern.

Wenn man mit der Frage wen oder was? nach diesen Pronomen fragt, so zeigt sich, daß sie eigentlich Akkusativ-Objekte sind.

Wen oder was beeilt er? — Er beeilt *sich.*

Wen oder was freut er? — Er freut *sich.*

Wen oder was weigert er? — Er weigert *sich.*

Diese „Akkusativ-Objekte" *beziehen* sich jeweils auf das Subjekt des Satzes *zurück,*

z. B. *Er* beeilt *sich.*
Er freut *sich.*
Er weigert *sich.*

Man nennt sie daher **rückbezügliche Pronomen** oder **Reflexivpronomen.**

Verben, die ein solches Reflexivpronomen bei sich haben, heißen **reflexive Verben.**

Da diese Verben nie ohne das Reflexivpronomen vorkommen, betrachtet man sie als **einen Ausdruck** und läßt das „Akkusativ-Objekt" unberücksichtigt.

2 Satzbau
2.2 Weitere nützliche Satzglieder

Übungen

16.1 Du kennst sicher das Lied vom Jockel, der den Hafer schneiden soll und dem der Herr viele Boten — ohne Erfolg — nachschickt, damit er endlich seine Arbeit verrichte, bis dann der Herr selbst nach dem Jockel und allen seinen Boten schaut. In der letzten Strophe heißt es:

Da geht der Herr nun selbst hinaus,	________________
und macht gar bald ein End daraus.	________________
Der Teufel holt den Henker nun,	________________
der Henker hängt den Schlächter nun,	________________
der Schlächter schlacht den Ochsen nun,	________________
der Ochse säuft das Wasser nun,	________________
das Wasser löscht das Feuer nun,	________________
das Feuer brennt den Prügel nun,	________________
der Prügel schlägt den Pudel nun,	________________
der Pudel beißt den Jockel nun,	________________
der Jockel schneidt den Hafer nun	________________
und kommt auch gleich nach Haus.	________________

Suche alle **Akkusativ-Objekte** heraus und schreibe sie daneben.

Akkusativ-Objekt

Und wie oft kannst du bei der Bildgeschichte von Charlie Brown fragen: **wen oder was?** Unterstreiche alle Akkusativ-Objekte und zähle, wieviele du in der Bildgeschichte gefunden hast.

Lieber Brieffreund

Da man in der Charlie-Brown-Geschichte ________ mal **wen oder was?** fragen kann,

kommen ________ Akkusativ-Objekte vor.

Wenn in Sätzen mit **rückbezüglichen Verben** (*Sie erkundigt sich. Er verbeugt sich.*) das Personalpronomen *sich* kein „richtiges" Akkusativ-Objekt ist, müßte man die Graphik

(S)——(P)——(O)

für solche Fälle verändern; die Abkürzung **O** müßte gestrichen werden. Wohin könnte der verbleibende Strich geführt werden? Kannst du die Graphik sinngemäß vervollständigen?

(S)——(P)——

2 Satzbau
2.2 Weitere nützliche Satzglieder

Dativ-Objekt/Satzergänzung im 3. Fall

Das **Dativ-Objekt** nennt die Person oder Sache, der sich ein Geschehen zuwendet, z. B.

Du vertraust *ihr*.
Es gelingt *dir*.

Man findet das Dativ-Objekt in einem Satz, indem man mit dem Subjekt und dem Prädikat fragt:

wem?
Wem vertraust du?
Wem gelingt es?

Auch das Dativ-Objekt besteht meistens aus:
— einem **Substantiv**
— einem **Pronomen**

Regen nützt *dem Land*.
Trockenheit schadet *ihm*.

Übungen

16.2 „Was fällt dir ein?

Du hast mir mein Jo-Jo weggenommen!"

„Ich hab' es mir geliehen."

„Dir werde ich es zeigen!

Gib es mir zurück!

Ich rat' es dir!"

Hier wenden sich zwei Kinder — in nicht gerade freundlicher Weise — einander zu; dabei werden einige **Dativ-Objekte** verwendet. Unterstreiche sie.

Dativ-Objekt
Genitiv-Objekt

Setze in der folgenden Satzkette die fehlenden Artikel ein:

So trifft man sich

Die Untermieterin	begegnet	__________	Nachbarin.
Die Nachbarin	begegnet	__________	Zeitungsfrau.
Die Zeitungsfrau	begegnet	__________	Milchmann.
Der Milchmann	begegnet	__________	Postboten.
Der Postbote	begegnet	__________	Heizungsmonteur.
Der Heizungsmonteur	begegnet	__________	Hausmeister.
Der Hausmeister	begegnet	__________	Untermieterin.

Zu welchem Satzglied gehören die Artikel? Sie gehören zum ____________________.

Genitiv-Objekt/Satzergänzung im 2. Fall

Das **Genitiv-Objekt** bezeichnet die Person oder Sache, die von einem Geschehen mit betroffen ist; es wird im Deutschen selten verwendet.

Der Kranke bedarf *des Arztes.*
Der Politiker gedenkt *des Feiertages.*

Man findet das Genitiv-Objekt in einem Satz, indem man mit dem Subjekt und dem Prädikat fragt:

wessen?
Wessen bedarf der Kranke?
Wessen gedenkt der Politiker?

Auch das Genitiv-Objekt besteht meistens aus:
— einem **Substantiv**
— einem **Pronomen**

Der Hilflose bedarf *der Unterstützung.*
Ein Vorübergehender erbarmt sich *seiner.*

2 Satzbau
2.2 Weitere nützliche Satzglieder

Übungen

16.3 *Vor Gericht*

Der Angeklagte ist des Diebstahls überführt und harrt des Urteils. Er schämt sich seiner Tat. Der Angeklagte bedarf eines Verteidigers. Der Richter waltet seines Amtes.

Unterstreiche in diesem etwas altmodisch klingenden Text die **Genitiv-Objekte.**

Setze die eingeklammerten Wörter im richtigen Fall ein:

Der Sieg

Die Siegerin freut sich____________________(ihr Sieg), Ruhmesrausch bemächtigt sich

____________________ (sie), und sie rühmt sich ____________________ (ihre Leistung).

Präpositionales Objekt/Satzergänzung mit Präposition

Präpositionale Objekte heißen solche Objekte, die sich mit Hilfe einer Präposition (vgl. Seite 43) auf ein Prädikat beziehen:

Die Reisenden warten *auf den Zug.*
Der Schaffner bittet *um die Fahrkarten.*

Die Präpositionen gehören hierbei unmittelbar zum Verb:

warten auf, bitten um.

Man findet das präpositionale Objekt durch ein

Fragepronomen, in dem die jeweils vorkommende Präposition eingeschlossen ist.

Für unsere Beispielsätze lauten die Fragen:

Wor*auf* warten die Reisenden?
(In dem Fragepronomen ist die vorkommende Präposition *auf* eingeschlossen.)
Wor*um* bittet der Schaffner?
(In dem Fragepronomen ist die vorkommende Präposition *um* eingeschlossen,)

Präpositionales Objekt

Für den Satz Die Zuschauer lachen *über die Späße.*
braucht man das Fragepronomen **wor*über*?**

Zu dem Satz Die Kostüme passen *zu dem Theaterstück.*
gehört das Fragepronomen **wo*zu*?**

Beispiele für weitere Verben, die unmittelbar mit einer Präposition verbunden sind:
denken an   bestehen aus   sich begnügen mit
abhängen von   duften nach   einwilligen in
achten auf.

Das präpositionale Objekt besteht meist aus:
— einer **Präposition mit Substantiv** Sie träumen *von den Bergen.*
— einer **Präposition mit Pronomen** Sie schwärmen *von ihnen.*

Einen Ausdruck, in dem eine Präposition vorkommt, nennt man **präpositionalen Ausdruck.**
Das präpositionale Objekt ist also ein präpositionaler Ausdruck.

Übungen

16.4 Schreibe in den freien Teil der Kreise die passende Präposition und unter jeden Kreis das dazugehörige Fragepronomen:

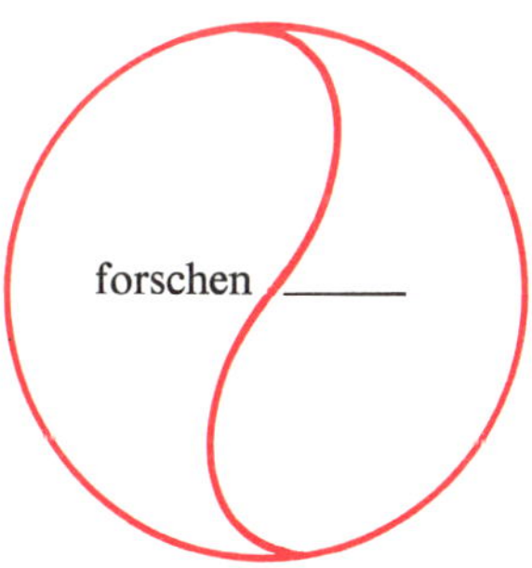

Fragepronomen: ______

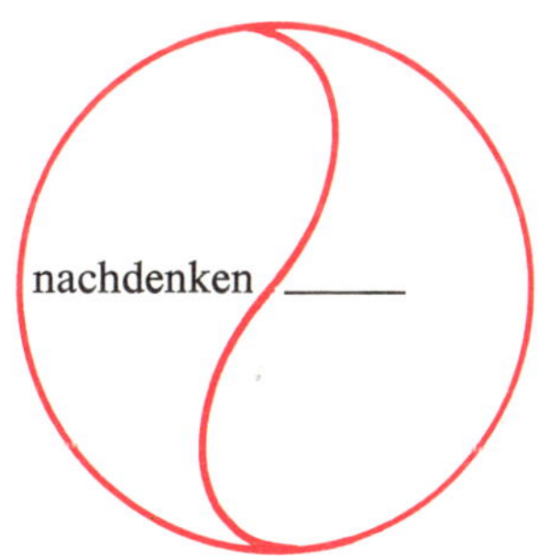

Fragepronomen: ______

2 Satzbau
2.2 Weitere nützliche Satzglieder

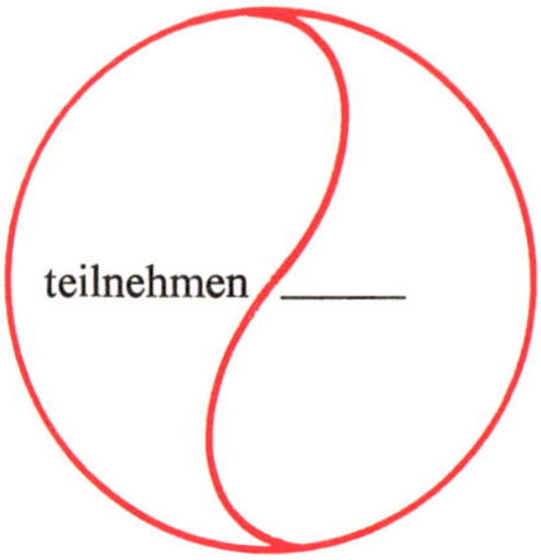

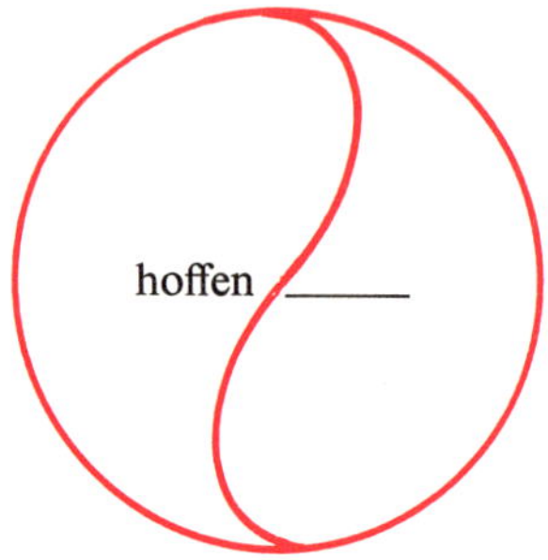

Fragepronomen: ____________ Fragepronomen: ____________

Unterstreiche die **präpositionalen Objekte** des folgenden Textes:

Der kleine Fachmann

Die Briefwaage klemmt. Hanno sucht nach der Ursache und vertieft sich in die Reparatur. Richard interessiert sich für Technik und achtet auf die Handgriffe. Beide freuen sich über den Erfolg.

Objekt
Zusammenfassung

Zusammenfassung

Nun haben wir vier verschiedene Objekte kennengelernt:

— das **Akkusativ-Objekt** Frage: **wen oder was?**
— das **Dativ-Objekt** Frage: **wem?**
— das **Genitiv-Objekt** Frage: **wessen?**
— das **präpositionale Objekt** Frage: **Fragepronomen mit eingeschlossener Präposition** z. B. wor**an**, wor**auf**, wor**über** usw.

Alle haben gemeinsam, daß sie das **Prädikat ergänzen.**

Jetzt wollen wir prüfen, ob wir die verschiedenen Objektarten voneinander unterscheiden können.

Am besten stellen wir hierzu jeden Satz in einer Graphik dar, wobei wir die Abkürzung

AO für das Akkusativ-Objekt,
DO für das Dativ-Objekt,
GO für das Genitiv-Objekt und
pO für das präpositionale Objekt

verwenden wollen.

Der Satz
Der Matrose beobachtet die Windrichtung.
wird also so dargestellt: (S)——(P)——(AO)

Der Satz
Du vertraust ihr.
sieht in der Graphik so aus: (S)——(P)——(DO)

Der Satz
Der Kranke bedarf des Arztes.
hat die graphische Form: (S)——(P)——(GO)

Und den Satz
Die Reisenden warten auf den Zug.
bildet man graphisch so ab: (S)——(P)——(pO)

2 Satzbau
2.2 Weitere nützliche Satzglieder

Falls in einem Satz einmal mehrere Objekte vorkommen, so trägt man in die Graphik mehrere Objekte ein, z. B.
Der Ober bringt dem Gast Apfelsaft.

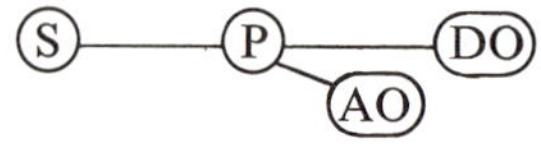

In welcher Reihenfolge die einzelnen Satzglieder in der Graphik aufgeführt werden, spielt keine Rolle; es kommt jedoch darauf an, daß die logischen Verbindungsstriche zwischen den Satzgliedern richtig gezogen sind.

Subjekte werden immer mit Prädikaten verbunden,
Objekte werden ebenfalls immer mit Prädikaten verbunden,
Subjekte werden **nie** mit Objekten verbunden.

Werden mehrere gleichartige Satzglieder aufgezählt, so bekommen sie eine kleine Kennziffer, z. B.

Der Ober bedient die Gäste und fragt nach ihren Wünschen.

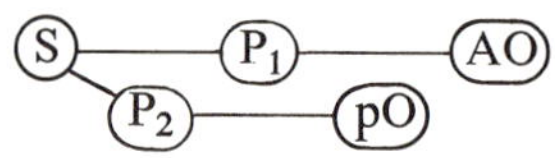

Die Gäste bitten um Pfeffer und Salz.

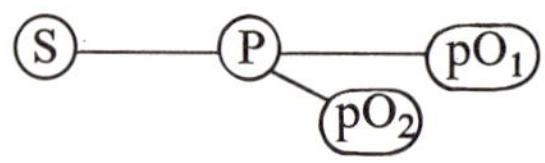

Da die Konjunktion *und* kein selbständiges Satzglied ist, sondern nur Satzglieder verbindet, bleibt sie bei der graphischen Darstellung unberücksichtigt.

Objekt

Übungen

16.5 Stelle jeden Satz der Bildgeschichte graphisch dar:
(Bei Satz 1, 3 und 5 warten schon kleine Hilfen auf dich.)

(1) Der Onkel schenkt Vater und Sohn ein Geldstück.

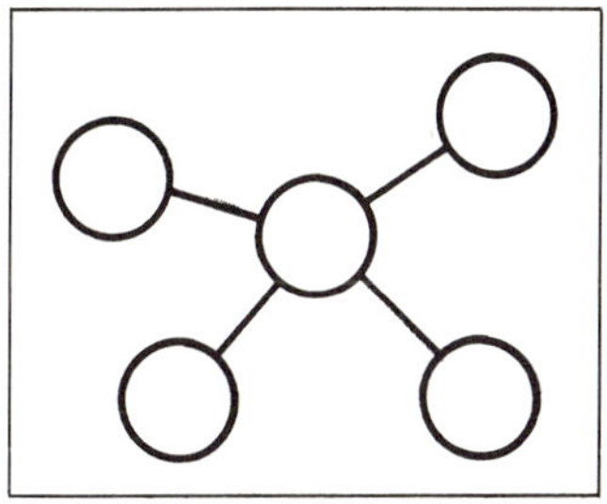

(2) Beide freuen sich über den Reichtum. (Hinweis: Da *sich freuen* ein reflexives Verb ist — vgl. Seite 103 —, kann man das Pronomen *sich* unberücksichtigt lassen.)

(3) Keiner würdigt das Sparschwein eines Blickes.

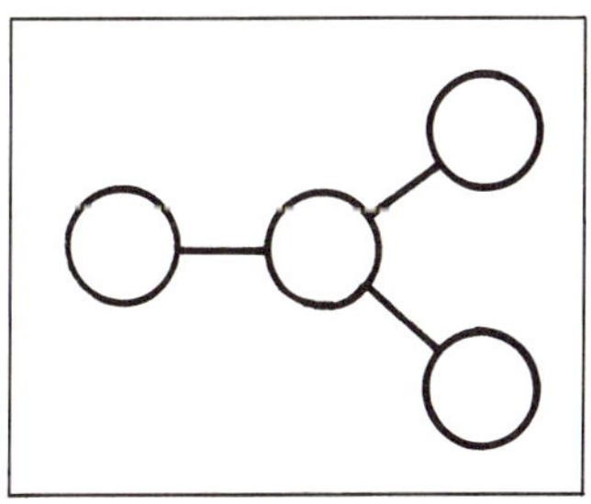

2 Satzbau

2.2 Weitere nützliche Satzglieder

(4) Der Vater nähert sich dem Sparschwein.

(5) Der Sohn ist dem Vater zuvorgekommen. (Der Satz enthält **ein** Prädikat: das Verb *zuvorkommen* im Perfekt.)

(6) Er liefert dem Vater den Beweis.

Objekt

Bilde nun selbst Sätze nach den vorgegebenen Mustern und verwende dabei die nebenstehenden Wörter:

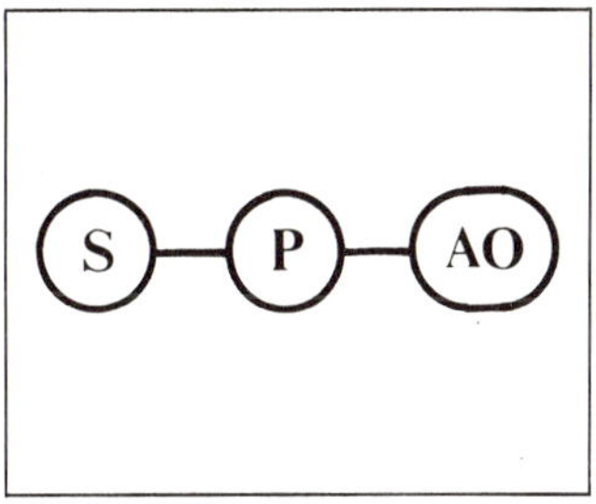

der Onkel
füllen
das Sparschwein

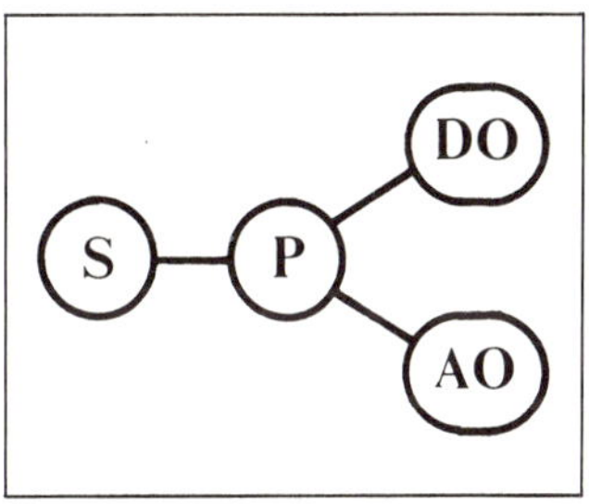

keiner
verraten
der andere
der Plan

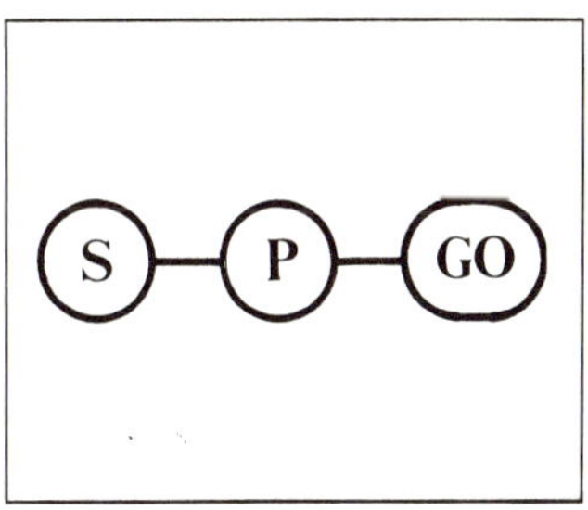

das Sparschwein
bedürfen
ein Wächter

2 Satzbau
2.2 Weitere nützliche Satzglieder

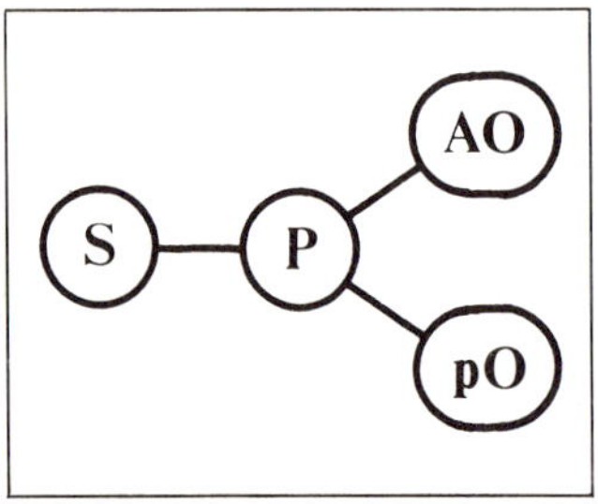

das Sparschwein
verlocken zu
der Vater
eine Heimlichkeit

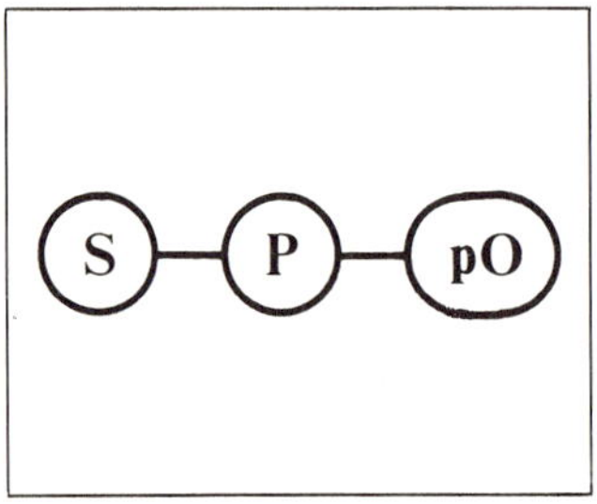

der Vater
sich wundern über
das Sparschwein

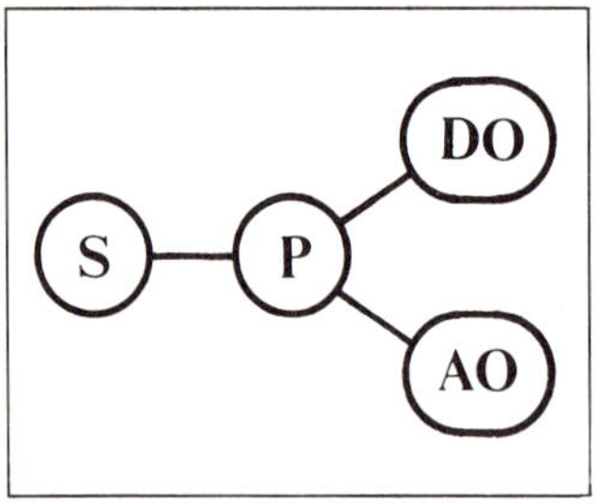

der Sohn
bringen
der Vater
die Erklärung

Adverbiale Bestimmung/ Umstandsbestimmung

Bisher haben wir **drei Satzglieder** kennengelernt:

— das **Subjekt,** von dem der Satz handelt
— das **Prädikat,** das etwas über das Subjekt aussagt
— das **Objekt,** das den Sinn des Prädikats ergänzt.

Es folgen zum Schluß noch **zwei Satzglieder,** die die Aufgabe haben, Personen und Sachen (also die **Substantive**) oder Ereignisse (also die **Verben**) *näher zu bestimmen*:

— die **adverbiale Bestimmung/Umstandsbestimmung,** die einige besondere Umstände eines Ereignisses ausführlich nennt: ***Wegen der Hitze*** *ist das Freibad* ***heute*** *voll.*
— das **Attribut/die Beifügung,** die einige besondere Merkmale von Personen und Sachen ausdrücklich erwähnt: *Das* ***große*** *Freibad* ***in der Gartenstraße*** *ist voll.*

Mehr Satzglieder gibt es im Deutschen nicht.

Die adverbiale Bestimmung/Umstandsbestimmung

Oft reicht ein Verb aus, um im Prädikat etwas über ein Subjekt auszusagen:

Die Kinder lachen.

Will man jedoch einige besondere Umstände des Lachens erläutern (beispielsweise *wann* sie lachen und *wie* sie lachen), so kann man zum Prädikat noch eine

Umstandsbestimmung

hinzufügen:

Während der Wanderung *lachen die Kinder* ***laut.***

Mit dem Zusatz *während der Wanderung* wird die Zeit angegeben, zu der die Kinder lachen; mit dem Zusatz *laut* wird die Art und Weise ihres Lachens ausgedrückt. Umstandsbestimmungen sind also dazu geeignet,

das **Prädikat näher zu bestimmen** und **genauere Angaben zu den Umständen**

zu machen, unter denen sich etwas ereignet. Da im Prädikat immer ein **Verb** vorkommen muß, nennt man sie auch

adverbiale Bestimmungen (vgl. Seite 39: Ad-verb bedeutet: zum Verb gehörig).

2 Satzbau
2.2 Weitere nützliche Satzglieder

Daß sich die adverbiale Bestimmung logisch stets auf das Prädikat bezieht, läßt sich graphisch so darstellen:

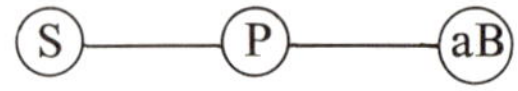

Man unterscheidet im allgemeinen neun Arten der adverbialen Bestimmung:
Vier Umstände sind dir bereits aus dem Kapitel über das Adverb bekannt: Dort haben wir nämlich Adverbien des **Ortes**, der **Zeit**, der **Art und Weise** und des **Grundes** kennengelernt.

Umstandsbestimmung des Ortes (lokale adv. Bestimmung)

Wollen wir mitteilen, an welchem Ort etwas geschieht, so setzen wir zu dem Prädikat eine **adverbiale Bestimmung des Ortes (lokale adv. Bestimmung).**

Man fragt nach ihr: **wo? woher? wohin?**

Die Astronauten fahren zum Mond.
Wohin fahren die Astronauten?
Die Astronauten fahren *zum Mond.*

Sie machen dort Experimente.
Wo machen sie Experimente?
Sie machen *dort* Experimente.

Die Astronauten kehren zur Erde zurück.
Wohin kehren die Astronauten zurück?
Die Astronauten kehren *zur Erde* zurück.

Umstandsbestimmung der Zeit (temporale adv. Bestimmung)

Soll die Zeit angegeben werden, zu der sich etwas ereignet, so setzen wir zu dem Prädikat eine **Umstandsbestimmung der Zeit (temporale adv. Bestimmung).**

Man fragt nach ihr: **wann? wie lange? bis wann? seit wann? wie oft?**

Wir zelten am Wochenende.
Wann zelten wir?
Wir zelten *am Wochenende.*

Adverbiale Bestimmung (Ort, Zeit, Art und Weise, Grund)

Wir zelten zwei Tage.

Wie lange zelten wir?
Wir zelten *zwei Tage.*

Wir bleiben bis zum Abend.

Bis wann bleiben wir?
Wir bleiben *bis zum Abend.*

Seit Donnerstag ist der Rucksack gepackt.

Seit wann ist der Rucksack gepackt?
Seit Donnerstag ist der Rucksack gepackt.

Wir zelten häufig.

Wie oft zelten wir?
Wir zelten *häufig.*

Umstandsbestimmung der Art und Weise (modale adv. Bestimmung)

Kommt es uns darauf an, die Art und Weise eines Geschehens hervorzuheben, so setzen wir zu dem Prädikat eine **Umstandsbestimmung der Art und Weise (modale adv. Bestimmung).**

Man fragt nach ihr: **wie? auf welche Art und Weise?**

Sie spielen gut Tischtennis.

Wie spielen sie?
Sie spielen *gut* Tischtennis.

Sie spielen mit Eifer Tischtennis.

Auf welche Art und Weise spielen sie Tischtennis?
Sie spielen *mit Eifer* Tischtennis.

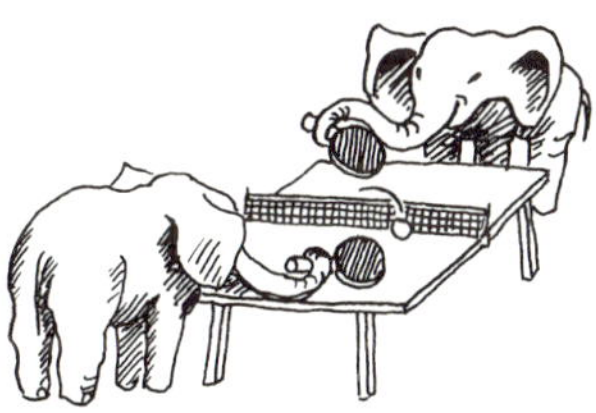

Umstandsbestimmung des Grundes (kausale adv. Bestimmung).

Möchten wir den Grund angeben, aus dem etwas geschieht, so setzen wir zum Prädikat eine **Umstandsbestimmung des Grundes (kausale adv. Bestimmung).**

Man fragt nach ihr: **warum? weshalb? aus welchem Grunde?**

2 Satzbau
2.2 Weitere nützliche Satzglieder

Wegen der Überstunden ist der Vater müde.

Warum ist der Vater müde?
Wegen der Überstunden ist der Vater müde.

Daher zieht er sich zurück.

Weshalb zieht er sich zurück?
Daher zieht er sich zurück.

Aus Rücksicht stört ihn niemand.

Aus welchem Grunde stört ihn niemand?
Aus Rücksicht stört ihn niemand.

Ein Ereignis kann auch noch mit anderen Umständen verbunden sein: Es kann

einen klaren **Zweck** verfolgen,
unter bestimmten **Bedingungen** stattfinden,
durch besondere **Mittel** hervorgerufen werden,
es können sich **Folgen** einstellen
oder **wirkungslose Voraussetzungen** offenbaren.

Wie diese Umstände im einzelnen ausgedrückt werden, lernst du nun kennen:

Umstandsbestimmung des Zweckes (finale adv. Bestimmung)

Zum Lernen braucht man Geduld.

Wozu braucht man Geduld?
Zum Lernen braucht man Geduld.

Zur Entspannung braucht man Muße.

Zu welchem Zweck braucht man Muße?
Zur Entspannung braucht man Muße.

Unser Verhalten hängt nämlich oft mit dem Zweck zusammen, den wir mit ihm erreichen wollen.

Wenn wir diesen Zweck nennen wollen, so setzen wir zu dem Prädikat eine

Umstandsbestimmung des Zweckes (finale adv. Bestimmung).

Man fragt nach ihr:

wozu? zu welchem Zweck?

Adverbiale Bestimmung (Zweck, Bedingung, Mittel)

Umstandsbestimmung der Bedingung (konditionale adv. Bestimmung)

Nicht bei jedem Wetter darf man auf dem See Schlittschuh laufen. Es müssen erst bestimmte Bedingungen erfüllt sein, damit man sich ohne Gefahren auf das Eis begeben kann.
Die Eisdecke muß stark sein; und damit sie stark wird, muß es besonders kalt sein; sonst kann sich das Wasser nicht zu einer festen Eisdecke zusammenziehen.
Zur Angabe solcher Bedingungen verwendet man die **Umstandsbestimmung der Bedingung (konditionale adv. Bestimmung).**

Man fragt nach ihr: **unter welcher Bedingung?**

z.B. Bei Wärme dehnt sich Wasser aus.

Unter welcher Bedingung dehnt sich Wasser aus?
Bei Wärme dehnt sich Wasser aus.

Bei Kälte zieht sich Wasser zusammen.

Unter welcher Bedingung zieht sich Wasser zusammen?
Bei Kälte zieht sich Wasser zusammen.

Umstandsbestimmung des Mittels (instrumentale adv. Bestimmung)

Nach der **Umstandsbestimmung des Mittels (instrumentale adv. Bestimmung)** fragt man: **womit? wodurch?**

Der Gärtner schneidet die Rosen mit der Schere.

Womit schneidet der Gärtner die Rosen?
Der Gärtner schneidet die Rosen *mit der Schere.*

Durch Dünger fördert er das Wachstum.

Wodurch fördert er das Wachstum?
Durch Dünger fördert er das Wachstum.

2 Satzbau
2.2 Weitere nützliche Satzglieder

Umstandsbestimmung der Folge (konsekutive adv. Bestimmung)

Wenn du diesen kleinen stachligen Gesellen zu Gesicht bekämst, wärst du sicherlich erstaunt. Das Erblicken des Igels hätte dein Erstaunen zur Folge. Dies kannst du mit der **Umstandsbestimmung der Folge (konsekutive adv. Bestimmung)** in Worte fassen.

Man fragt nach ihr: **mit welcher Folge?**

Zu meinem Erstaunen sehe ich einen Igel.

Mit welcher Folge sehe ich einen Igel?
Zu meinem Erstaunen sehe ich einen Igel.

Zu meinem Bedauern rollt er sich ein.

Mit welcher Folge rollt er sich ein?
Zu meinem Bedauern rollt er sich ein.

Umstandsbestimmung der Einräumung (konzessive adv. Bestimmung)

Es herrscht Glatteis, und wir erwarten, daß der Schulbus nicht fährt. Fährt er nun trotzdem, so ist die Voraussetzung des Glatteises wirkungslos geblieben. Für solche wirkungslosen Voraussetzungen haben wir die **Umstandsbestimmung der Einräumung (konzessive adv. Bestimmung).**

Man fragt nach ihr: **trotz welcher Voraussetzung?**

Trotz des Glatteises fahren die Omnibusse.

Trotz welcher Voraussetzung fahren die Omnibusse?
Trotz des Glatteises fahren die Omnibusse.

Sie sind trotz des Schneefalls pünktlich.

Trotz welcher Voraussetzung sind sie pünktlich?
Sie sind *trotz des Schneefalls* pünktlich.

Adverbiale Bestimmung (Folge, Einräumung)

Hier noch eine kleine Latein-Lektion, von der du schon einiges kennst:

lateinisch:	**deutsch:**	
locus	Ort	(lokale adv. Bestimmung)
tempus	Zeit	(temporale adv. Bestimmung)
modus	Art, Weise	(modale adv. Bestimmung)
causa	Grund, Ursache	(kausale adv. Bestimmung)
finis	Zweck, Absicht, Grenze	(finale adv. Bestimmung)
conditio	Bedingung	(konditionale adv. Bestimmung)
instrumentum	Mittel, Werkzeug	(instrumentale adv. Bestimmung)
consecutio	Folge	(konsekutive adv. Bestimmung)
concessio	Zugeständnis	(konzessive adv. Bestimmung)

Du wirst bei den Beispielen oben gemerkt haben, daß manche Arten der adverbialen Bestimmung eine ganz ähnliche Bedeutung haben oder nur einen kleinen Unterschied aufweisen. Dieser kleine Unterschied ist jedoch oft entscheidend. Hierzu sei mit einigen Erläuterungen Klarheit verschafft:

Die **adverbiale Bestimmung des Mittels** hängt mit der **adverbialen Bestimmung der Art und Weise** eng zusammen, da durch die Erwähnung eines Mittels bei einer Tätigkeit gleichzeitig etwas über die Art und Weise dieser Tätigkeit ausgesagt wird. In dem Satz *Wir schreiben **mit dem Füller**.* geben die Wörter *mit dem Füller* das Mittel/das Werkzeug an, mit dem wir schreiben (*Womit* schreiben wir*?*): gleichzeitig machen sie auch eine Aussage über die Art und Weise unseres Schreibens (*Wie* schreiben wir?). Jede adverbiale Bestimmung des Mittels ist also gleichzeitig eine adverbiale Bestimmung der Art und Weise.

Ähnliche Zusammenhänge ergeben sich auch bei der **adverbialen Bestimmung der Bedingung** und der **adverbialen Bestimmung der Zeit**, da jede Angabe der Bedingung gleichzeitig indirekt etwas über die Zeit aussagt. Z.B. nennen in dem Satz ***Bei Grippe** hat man Fieber.* die Wörter *bei Grippe* eine Bedingung, unter der man Fieber hat (*Unter welcher Bedingung* hat man *Fieber?*); gleichzeitig geben sie aber eine Zeit an, in der man Fieber hat (*Wann* hat man Fieber?). Jede adverbiale Bestimmung der Bedingung ist also gleichzeitig eine adverbiale Bestimmung der Zeit.

Auch die **adverbiale Bestimmung des Zweckes** hängt eng mit der **adverbialen Bestimmung des Grundes** zusammen: Es geschieht oft etwas aus einem bestimmten Grund — zu einem bestimmten Zweck. Z.B. *Lisa schaltet **aus Langeweile** den Fernseher an*: *Sie schaltet **zum Zeitvertreib** den Fernseher an.* Die Langeweile ist der Grund/die Ursache für das Anschalten des Fernsehers; der Zeitvertreib ist der Zweck/die Absicht beim Anschalten des Fernsehers.

Diese beiden adverbialen Bestimmungen muß man jedoch trotz ihrer inhaltlichen Ähnlichkeit gut voneinander unterscheiden.

Dies ist einfach, wenn man sich die **Zeitverhältnisse in dem Satz** klarmacht: Betrifft die adverbiale Bestimmung einen Umstand, der der Handlung im Prädikat zeitlich vorangeht, so handelt es sich um den Grund. (Lisa hat zunächst Langeweile; dann schaltet sie den Fernseher an. Die Langeweile liegt also zeitlich früher als das Anschalten des Fernsehers; sie ist der Grund/die Ursache für das Anschalten). Betrifft jedoch die adverbiale Bestimmung einen Umstand, der durch die Handlung im Prädikat erst hervorgerufen werden soll, so handelt es sich um den Zweck/die Absicht. (Lisa schaltet zunächst den Fernseher an; dann soll der Zeitvertreib eintreten. Der Zeitvertreib tritt also später ein als das Anschalten des Fernsehers; er ist der Zweck/die Absicht des Anschaltens.)

Ein weiteres Beispiel wäre:

***Aus Hunger** ißt Peer einen Apfel.* (Erst hat Peer Hunger; dann ißt er den Apfel. Der Hunger geht dem Essen zeitlich voran.) *Aus Hunger* ist eine adverbiale Bestimmung des Grundes.

***Zur Sättigung** ißt Peer einen Apfel.* (Erst ißt Peer den Apfel; dann soll die Sättigung eintreten. Die Sättigung soll durch das Essen erst hervorgerufen werden.) *Zur Sättigung* ist eine adverbiale Bestimmung des Zweckes.

Auch die **adverbiale Bestimmung des Zweckes** läßt sich gut von der **adverbialen Bestimmung der Folge** unterscheiden, obwohl beide gemeinsam haben, daß sie eine Aussage über die Wirkung eines Ereignisses machen ; z. B. *Ich gehe **zum Singen** in den Chor. Wir singen **zu meiner Freude** mein Lieblingslied.* Beide adverbialen Bestimmungen handeln von einem Umstand, der erst durch die Handlung im Prädikat hervorgerufen wird, der also durch die Handlung im Prädikat bewirkt wird.

Bei der adverbialen Bestimmung des Zweckes wird diese Wirkung bewußt beabsichtigt; die Handlung im Prädikat geschieht, damit sich diese Wirkung einstellt. Für den Beispielsatz bedeutet das: *Ich gehe in den Chor* (*mit der bewußten Absicht, dort zu singen*).

Bei der adverbialen Bestimmung der Folge stellt sich die Wirkung eines Geschehens ein, ohne daß sie bewußt beabsichtigt war; die Handlung im Prädikat geschieht, und ungewollt ergibt sich daraus diese Wirkung. Für den Beispielsatz heißt das: *Wir singen mein Lieblingslied* (*und es ergibt sich, daß ich mich freue.* Der Chorleiter hatte beim Liedervorschlag meine Freude nicht eingeplant).

Vielleicht wird dir der Sinn der **adverbialen Bestimmung der Einräumung** noch nicht ganz klar sein, da wir das Substantiv *Einräumung* in unserer Alltagssprache wenig verwenden. Das Verb *einräumen* verwendet man jedoch öfter, und man kann vom Sinn dieses Verbs die adverbiale Bestimmung der Einräumung besser verstehen. *Einräumen* meint soviel wie *zugestehen, zugeben.* In dem Satz *Das Unglück geschah **trotz Vorsichtsmaßnahmen**.* räumt man zwar ein, daß Vorsichtsmaßnahmen vorgenommen worden sind, daß sie aber offensichtlich ohne Wirkung waren. Bei dieser Art von adverbialen Bestimmungen werden also Voraussetzungen genannt, die ohne Wirkung blieben (wirkungslose Voraussetzungen).

Und aus welchen **Wortarten** bestehen die adverbialen Bestimmungen?

Die adverbialen Bestimmungen bestehen meistens aus:

- einer **Präposition mit Substantiv** (einem präpositionalen Ausdruck)

  Rainer steht *an einer Ampel.*
  Ursula steht *neben Rainer.*

- einem **Adverb**
  Dieses Adverb kann sein:
  - ein **ursprüngliches Adverb** (vgl. Seite 39)

    Jetzt ist die Ampel grün.
    Deshalb gehen beide hinüber.

  - ein **abgeleitetes Adverb,** das aus einem **Adjektiv** entstanden ist.

    Ein Auto hupt *laut.*
    Die Straßenbahn klingelt *schrill.*

Diese Übersicht hilft dir, die adverbialen Bestimmungen voneinander zu unterscheiden:

Welchen Umstand nennt die adv. Bestimmung?		**Wie fragt man nach ihr?**
Ort	— lokale adverbiale Bestimmung	wo? woher? wohin?
Zeit	— temporale adverbiale Bestimmung	wann? wie lange? bis wann? seit wann? wie oft?
Art und Weise	— modale adverbiale Bestimmung	wie? auf welche Weise?
Grund	— kausale adverbiale Bestimmung	warum? weshalb? aus welchem Grunde?
Zweck	— finale adverbiale Bestimmung	wozu? zu welchem Zweck?
Bedingung	— konditionale adverbiale Bestimmung	unter welcher Bedingung?
Mittel	— instrumentale adverbiale Bestimmung	womit? wodurch?

2 Satzbau
2.2 Weitere nützliche Satzglieder

Welchen Umstand nennt die adv. Bestimmung?		**Wie fragt man nach ihr?**
Folge	— konsekutive adverbiale Bestimmung	mit welcher Folge?
Einräumung	— konzessive adverbiale Bestimmung	trotz welcher Voraussetzung?

Wie sehr sich alle **adverbialen Bestimmungen** um das **Prädikat** drehen, läßt sich an der folgenden Graphik erkennen:

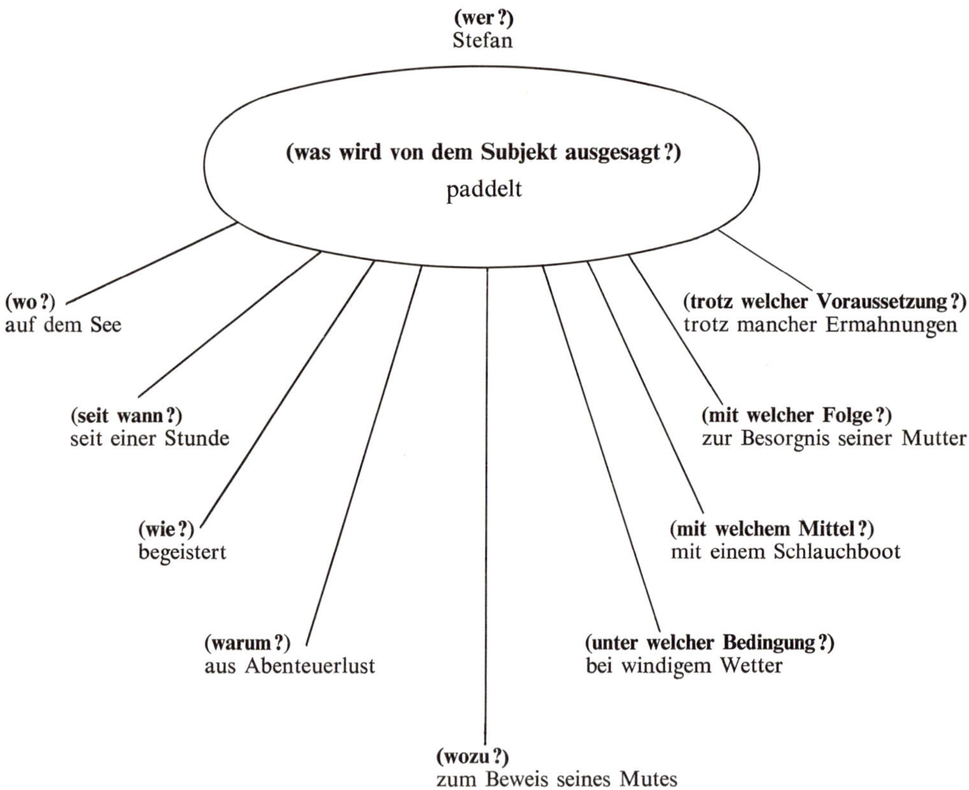

Adverbiale Bestimmung

Übungen

17.1

Es ist später Abend. Die Polizei fahndet nach einem flüchtenden Einbrecher. Plötzlich beobachten zwei Polizisten, daß ein Mann von der engen Gasse am Kornmarkt in einen dunklen Hofeingang huscht. Sofort schöpfen sie Verdacht und eilen hinter ihm her. Als der Mann auf ihren Zuruf nicht reagiert, sondern hastig in einem Türeingang verschwindet, verstärkt sich ihre Vermutung. Auf der Treppe können sie ihn endlich zur Rede stellen. In dem erregten Wortwechsel wollen die Polizisten allerhand wissen.

Schreibe hinter die folgenden Sätze, nach welchem **näheren Umstand** die Polizisten fragen (Ort, Zeit, Art und Weise, Grund, Zweck, Bedingung, Mittel, Folge oder Einräumung).

Frage der Polizisten:	Die Frage betrifft den Umstand:
„Warum eilen Sie so?"	______________
„Woher kommen Sie?"	______________
„Wann sind Sie dort fortgegangen?"	______________
„Wie sind Sie hierher gekommen?"	______________
„Wo wohnen Sie?"	______________
„Womit können Sie sich ausweisen?"	______________
„Wozu haben Sie so viel Geld bei sich?"	______________

2 Satzbau

2.2 Weitere nützliche Satzglieder

In den Schlußsätzen des Textes kommt jeweils eine **adverbiale Bestimmung** vor. Schreibe in die rechte Spalte, um welche Art der adverbialen Bestimmung es sich handelt.

	Die vorkommende adv. Bestimmung ist eine adv. Bestimmung des/der:
Trotz ihrer Fragen ist der Mann gelassen.	______________
Zu ihrer Überraschung überzeugen seine Antworten.	______________
Bei Bestätigung seiner Angaben wird die Sache erledigt sein.	______________

17.2 Für die folgenden Übungen ist es einfacher, die ausführlichen Bezeichnungen für die adverbialen Bestimmungen durch **Abkürzungen** zu ersetzen; hierbei soll bedeuten:

aBO — adverbiale Bestimmung des **O**rtes
aBZ — adverbiale Bestimmung der **Z**eit
aBAW — adverbiale Bestimmung der **A**rt und **W**eise
aBG — adverbiale Bestimmung des **G**rundes
aBZw — adverbiale Bestimmung des **Zw**ecks
aBB — adverbiale Bestimmung der **B**edingung
aBM — adverbiale Bestimmung des **M**ittels
aBF — adverbiale Bestimmung der **F**olge
aBE — adverbiale Bestimmung der **E**inräumung

Bestimme die Satzglieder der folgenden Sätze. Schreibe dazu über jedes Wort, um welches **Satzglied** es sich handelt, und bilde dann zu jedem Satz eine **Graphik,** z. B.

S P aBZw aBO

Die Geschwister setzen sich zum Essen an den Tisch.

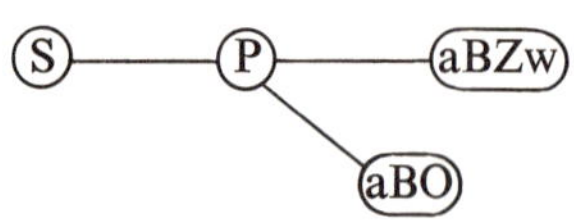

Die Reihenfolge der Kreise spielt keine Rolle; die Verbindungsstriche müssen jedoch die richtigen Satzglieder verbinden.

Adverbiale Bestimmung

Die Textüberschrift kannst du unberücksichtigt lassen.

Wenn die Eltern verreist sind ...

Die Eltern sind gestern zur Erholung in den Urlaub gefahren.

Der Älteste sorgt daher stolz für die Geschwister.

Mit Eifer bereitet er das Mittagessen.

Zu seiner Enttäuschung mißlingt ihm manches.

Trotzdem schmeckt es den anderen gut.

17.3 **Verwechslungen weitgehend ausgeschlossen!**

In ihrer äußeren Form können das **präpositionale Objekt** und die **adverbiale Bestimmung** genauso aussehen, da **beide Satzglieder präpositionale Ausdrücke** sind, d. h. Ausdrücke, in denen eine Präposition (mit einem Substantiv oder einem Pronomen) vorkommt, z. B.

Die Wettervorhersage warnt **vor dem Sturm** .

Die Boote fahren **vor dem Sturm** in den Hafen.

2 Satzbau
2.2 Weitere nützliche Satzglieder

Beide präpositionalen Ausdrücke haben jedoch im Satz eine unterschiedliche Aufgabe:
In dem Satz

Die Wettervorhersage warnt *vor dem Sturm.*

gehört der Ausdruck

vor dem Sturm als **präpositionales Objekt**

ganz eng zum Verb; ohne diese Ergänzung würde dem Sinn des Prädikats etwas fehlen.
Es ist also eine

Sinnergänzung

In dem Satz

Die Boote fahren *vor dem Sturm* in den Hafen.

nennt der Ausdruck

vor dem Sturm als **adverbiale Bestimmung der Zeit**

zusätzlich zum Prädikat einen besonderen Umstand; er stellt also keine Ergänzung dar, sondern eine

Umstandserläuterung,

die für den Sinn des Prädikats meistens — nicht immer! — entbehrlich ist.

Als grobe Faustregel kann man sich merken:

Wenn ein präpositionaler Ausdruck das Prädikat notwendig **ergänzt,**
so handelt es sich um ein **präpositionales Objekt.**

Wenn ein präpositionaler Ausdruck das Prädikat zusätzlich **erläutert,**
so handelt es sich um eine **adverbiale Bestimmung.**

Entscheide dich, ob es sich bei den umrandeten präpositionalen Ausdrücken um ein

präpositionales Objekt (Sinnergänzung des Prädikats!)

oder um eine

adverbiale Bestimmung (Umstandserläuterung des Prädikats!)

handelt, und kreuze die richtige Antwort an.

Adverbiale Bestimmung

Die präpositionalen Ausdrücke werden verwendet als:		pO	aB
Der Kapitän verläßt sich	**auf die Seekarte.**		
Er schreibt Zahlen	**auf die Seekarte.**		
Der Steuermann beschäftigt sich	**mit dem Kompaß.**		
Er bestimmt die Himmelsrichtung	**mit dem Kompaß.**		
Der Funker übermittelt einen Funkspruch	**an den Hafen.**		
Der Matrose denkt	**an den Hafen.**		

17.4

Wie auf Seite 125 zu lesen war, können die adverbialen Bestimmungen nicht nur aus einem **präpositionalen Ausdruck** bestehen, sondern auch aus einem **Adverb.**

Hierbei gibt es zwei Möglichkeiten: Das Adverb kann ein **ursprüngliches Adverb** sein: *Sie zeichnet **gern**.* oder **aus einem Adjektiv abgeleitet** werden: *Sie zeichnet **gut**.* Für solche Fälle bleibt das Adjektiv in seiner Grundform (also ohne Deklinationsendung).

Da das Adjektiv von seiner Bedeutung her ein **Eigenschafts**wort/**Wie**wort/**Art**wort ist (vgl. Seite 22), leuchtet es ein, daß es als **adverbiale Bestimmung der Art und Weise** zum Einsatz kommt und man nach ihm *wie? auf welche Weise?* fragt.

Nun haben wir bereits ein anderes Satzglied kennengelernt, in dem ein Adjektiv vorkommen kann: das Prädikatsnomen. Wir erinnern uns, daß das **Prädikat** entweder aus einem **Vollverb:** *Der Käfer **krabbelt**.* oder einem **Hilfsverb mit Ergänzung/Prädikatsnomen** bestehen kann (vgl. Seite 95). Für das Prädikatsnomen läßt sich dabei entweder ein **Substantiv im Nominativ** verwenden: *Der Käfer ist **ein Insekt**.* oder ein **Adjektiv ohne Endung:** *Der Käfer ist **braun**.*

Man sieht, daß sich das Adjektiv, das im Satz als Prädikatsnomen gebraucht wird, in der äußeren Form nicht von einem Adjektiv unterscheidet, das als adverbiale Bestimmung gebraucht wird: In beiden Fällen handelt es sich um Adjektive, die ohne Endung nahe beim Verb eine Aufgabe erfüllen.

Und woran läßt sich das **Adjektiv als Prädikatsnomen** nun von dem **Adjektiv als adverbialer Bestimmung** unterscheiden?

2 Satzbau
2.2 Weitere nützliche Satzglieder

Adjektiv als Prädikatsnomen	**Zum Adverb gewordenes Adjektiv als adverbiale Bestimmung**
Hier ist das Adjektiv ein **Teil des Prädikats**; ohne das Adjektiv ist das Prädikat unvollständig.	Hier ist das zum Adverb gewordene Adjektiv eine **zusätzliche Umstandserläuterung** zum Prädikat; auch ohne dieses Satzglied ist der Satz vollständig.
Das Verb, zu dem das Adjektiv inhaltlich gehört, ist ein **Hilfsverb,** d. h. ein Verb, das erst mit Hilfe einer Ergänzung einen verständlichen Sinn bekommt.	Das Verb, zu dem das Adjektiv inhaltlich gehört, ist ein **Vollverb,** d. h. ein Verb, das schon für sich allein einen Sinn ergibt.
z. B. *Der Regenbogen ist* ***farbig.*** (Ohne das Adjektiv *farbig* hat das Prädikat *ist* keinen vollständigen Sinn. Das Verb, zu dem das Adjektiv inhaltlich gehört, ist ein Hilfsverb: das Hilfsverb *sein.*)	z. B. *Der Regenbogen leuchtet* ***farbig.*** (Ohne das zum Adverb gewordene Adjektiv *farbig* ist das Prädikat *leuchtet* bereits vollständig. Das Verb, zu dem das zum Adverb gewordene Adjektiv inhaltlich gehört, ist ein Vollverb: das Vollverb *leuchten.*)

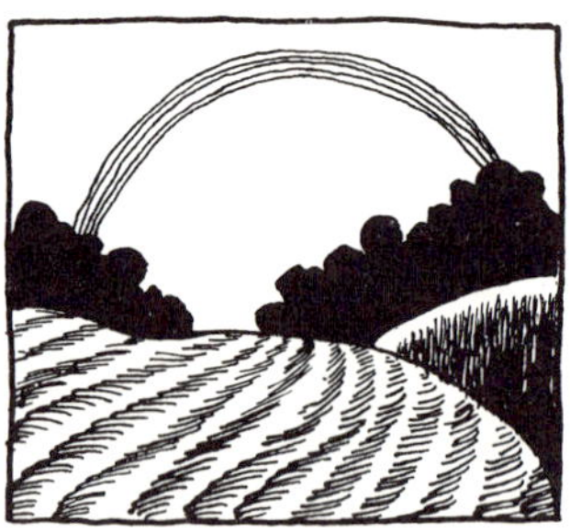

Adverbiale Bestimmung

In den folgenden Sätzen wird nun dasselbe Adjektiv einmal als Prädikatsnomen (PN) und einmal als adverbiale Bestimmung (aB) verwendet. Kreuze in der rechten Spalte an, in welchem Satzglied es jeweils eingesetzt wird.

Das Adjektiv wird verwendet als:		PN	aB
Ich bin	**zufrieden.**		
Ich pfeife	**zufrieden.**		
Du lernst	**fleißig**		
Du bist	**fleißig**		
Er/sie ist	**lustig.**		
Er/sie erzählt	**lustig.**		
Wir sind	**zuversichtlich.**		
Wir planen	**zuversichtlich.**		
Ihr lächelt	**glücklich.**		
Ihr seid	**glücklich.**		
Sie sind	**freundlich.**		
Sie grüßen	**freundlich.**		

2 Satzbau
2.2 Weitere nützliche Satzglieder

Das Attribut/die Beifügung

Nicht nur Ereignisse, die durch ein Verb im Prädikat ausgedrückt werden, lassen sich näher bestimmen (durch die adverbiale Bestimmung), sondern auch **Personen, Lebewesen und Sachen,** die durch ein **Substantiv** ausgedrückt werden, lassen sich ausführlicher beschreiben.

Möchte man ein **besonderes Merkmal** hervorheben, so kann man dem Substantiv eine **nähere Erklärung** beifügen, bzw. ihm eine **Beifügung/ein Attribut** beigeben.

Man findet das Attribut in einem Satz, indem man mit dem übrigen Satz fragt: **was für ein?**

Schaut man sich diesen niedlichen Goldhamster an, so liegt es nahe, anstelle des „trockenen“ Satzes *Der Goldhamster spielt.* eine Besonderheit des Goldhamsters zu erwähnen.

Hierzu stehen uns hauptsächlich vier Arten von Attributen zur Verfügung:

1. Das adjektivische Attribut

Hierfür verwendet man die Wortart des **Adjektivs**, die sich ja sehr gut zur Bezeichnung von Eigenschaften eignet (vgl. S. 22).

Will man das Adjektiv als Attribut einsetzen, so stellt man es einfach vor das Substantiv, das näher bestimmt werden soll, z. B. *Der Goldhamster spielt. Der **kleine** Goldhamster spielt.* Auf diese Weise wird eine besondere Eigenschaft des Goldhamsters hervorgehoben: nämlich seine Größe. Was für ein Goldhamster spielt? *Der **kleine** Goldhamster spielt.* Bei einem adjektivischen Attribut muß sich die **Endung des Adjektivs** nach der Deklinationsform des dazugehörenden Substantivs (Fall, Anzahl, Geschlecht) richten und sich vollständig anpassen, z. B. *Der kleine Goldhamster spielt. Die klein**en** Goldhamster spielen* (vgl. S. 90).

2. Das Genitiv-Attribut

Es paßt gut zur Angabe eines Besitzers und besteht aus einem **Substantiv im Genitiv.** Meist stellt man es hinter das Substantiv, das näher bestimmt werden soll: *Der Goldhamster **der Kinder** spielt.* Es kann jedoch auch vor dem Substantiv stehen, z. B. ***Christines** Goldhamster spielt.*

Auch hier hat das Attribut die Aufgabe, ein Substantiv genauer zu beschreiben: Was für ein Goldhamster spielt? *Der Goldhamster **der Kinder** spielt. **Christines** Goldhamster spielt.*

3. Das präpositionale Attribut

Um auch bei einem Substantiv nähere Umstände angeben zu können — wie Ort, Zeit, Art und Weise —, gibt es das **präpositionale Attribut,** das aus einer **Präposition mit Substantiv** besteht, z. B. *Der Goldhamster **mit dem hübschen Fell** spielt.* In diesem Beispielsatz wird das besondere Aussehen des Goldhamsters, seine Art herausgestellt: Was für ein Goldhamster spielt? *Der Goldhamster **mit dem hübschen Fell** spielt.*

Präpositionale Attribute stehen hinter dem Substantiv, das sie näher bestimmen.

Attribut/ Beifügung

4. Die Apposition

Dies ist eine Beifügung, die in ***demselben Fall*** steht **wie das Substantiv,** zu dem sie gehört.
Die Apposition kann vor oder nach dem dazugehörenden Substantiv stehen: ***Mein Lieblingstier*** *Goldhamster spielt. Der Goldhamster,* ***mein Lieblingstier,*** *spielt.* Die **nachgestellte Apposition** weist jedoch eine Besonderheit auf: Sie wird in **Kommas** eingeschlossen.
Wie alle Attribute sind auch die Appositionen nähere Bestimmungen zu einem Substantiv. Was für ein Goldhamster spielt? ***Mein Lieblingstier*** *Goldhamster spielt. Der Goldhamster,* ***mein Lieblingstier****, spielt.*
Damit lernen wir wieder eine Zeichensetzungsregel kennen:

Zeichensetzungsregel 3
Die nachgestellte Apposition wird in Kommas eingeschlossen.

Logisch bezieht sich das Attribut immer auf dasjenige Substantiv, das näher bestimmt wird. Da **Substantive im Subjekt, im Prädikatsnomen, im Objekt, in der adverbialen Bestimmung** und **im Attribut selbst** vorkommen können, sind folgende graphische Darstellungen möglich, wobei der Ausdruck **Attribut** mit dem Buchstaben A abgekürzt wird:

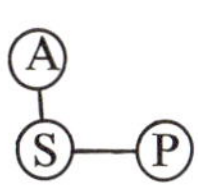

Das Attribut erläutert ein **Subjekt:** *Der Hund des Nachbarn bellt.* (Was für ein Hund bellt?)

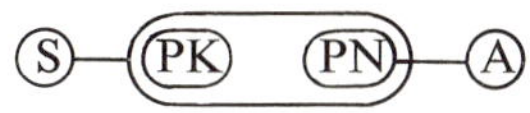

Das Attribut erläutert ein **Prädikatsnomen:** *Der Storch ist ein Tier* ***mit langen Beinen.*** (Was für ein Tier ist der Storch?)

Das Attribut erläutert ein **Objekt:** *Die Gans frißt* ***grüne*** *Blätter.* (Was für Blätter frißt die Gans?)

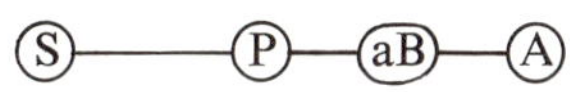

Das Attribut erläutert eine **adverbiale Bestimmung:** z.B. *Der Spatz sitzt im Nest,* ***seinem Ruheplatz.*** (In was für einem Nest sitzt der Spatz?)

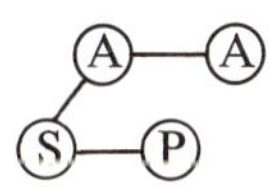

Das Attribut erläutert ein **Attribut:** *Die Katze mit den* ***weißen*** *Pfötchen schnurrt.* (Die Katze mit was für Pfötchen schnurrt?)

2 Satzbau
2.2 Weitere nützliche Satzglieder

Zusammenfassung:

Das **Attribut,** nach dem man fragt: **was für ein?** kann bestehen aus:	Beispielsatz, in dem jeweils das Subjekt durch ein Attribut näher bestimmt wird:
— **Adjektiv**	Der *regnerische* April ist unbeliebt.
— **Substantiv im Genitiv**	Der April *dieses Jahres* ist unbeliebt.
— **Präposition mit Substantiv**	Der April *mit den Regenschauern* ist unbeliebt.
— **Substantiv im gleichen Fall** — vorgestellt	Der *Regenmonat* April ist unbeliebt.
— nachgestellt (in Kommas eingeschlossen)	Der April, *der Regenmonat*, ist unbeliebt.

18.1 Im vorigen Kapitel haben wir geübt, wie man ein Adjektiv im Prädikatsnomen von einem Adjektiv unterscheidet, das zu einem Adverb geworden ist. Nun müssen wir darauf achten, daß wir auch die dritte (und letzte) Einsatzmöglichkeit eines Adjektivs in einem Satz eindeutig erkennen können.

Man kann **Adjektive**, die **als Attribute** verwendet werden, bereits an ihrer **äußeren Form** erkennen.

Versuche, diesen äußeren Unterschied mit eigenen Worten zu erklären:

____

____

____

18.2 Äußerlich haben das **Genitiv-Attribut** und das **Genitiv-Objekt** dieselbe Form: Sie bestehen jeweils aus einem **Substantiv im Genitiv.** An ihrer Aufgabe im Satz und an ihrem Bezugswort kann man sie jedoch eindeutig voneinander unterscheiden:

Das **Genitiv-Attribut**	Das **Genitiv-Objekt**
gehört zu einem **Substantiv.** Es **erläutert** als meist **entbehrliches Satzglied** das Substantiv. Die Last *der Verantwortung* bedrückt ihn.	gehört zu einem **Verb.** Es **ergänzt** als **unentbehrliches Satzglied** das Verb. Die Anordnung enthebt ihn *der Verantwortung.*

Prüfe, ob die Substantive im Genitiv in den folgenden Sätzen die Aufgabe eines Genitiv-Attributs (GA) oder eines Genitiv-Objekts (GO) erfüllen; kreuze das jeweilige Satzglied in der rechten Spalte an.

Das Substantiv im Genitiv wird verwendet als:			GA	GO
Der Arzt bedient sich	**der Notlüge.**			
Der Inhalt	**der Notlüge**	beruhigt den Todkranken.		
Der Verzweifelte bedarf	**des Zuspruchs.**			
Durch die Wirkung	**des Zuspruchs**	wird er gelassener.		
Trotz der Gewissensbisse schämt er sich	**der Notlüge**	nicht.		
Er denkt oft über die Probleme	**der Notlüge**	nach.		

18.3 Auch das **präpositionale Attribut** stimmt in seiner äußeren Form mit den beiden anderen Satzgliedern überein, für die präpositionale Ausdrücke verwendet werden: mit dem **präpositionalen Objekt** (vgl. Seite 108) und der **adverbialen Bestimmung** (vgl. Seite 117).

2 Satzbau
2.3 Zusammenfassung

Aber auch bei diesen präpositionalen Ausdrücken gibt es eindeutige Merkmale, an denen sie sich erkennen lassen: ihre Aufgabe im Satz und ihr Bezugswort.

Das **präpositionale Attribut**	Die **adverbiale Bestimmung**	Das **präpositionale Objekt**
gehört zu einem **Substantiv.** Es **erläutert** als **meist entbehrliches Satzglied** das Substantiv. Der Zettel *mit der Rechnung* liegt auf dem Tisch.	gehört zu einem **Verb.** Es **erläutert** als **meist entbehrliches Satzglied** das Verb. Die Firma bestätigt *mit der Rechnung* den Einkauf.	gehört zu einem **Verb.** Es **ergänzt** als **unentbehrliches Satzglied** das Verb. Er befaßt sich *mit der Rechnung*.

Prüfe nun, welche der drei Aufgaben der **präpositionale Ausdruck** jeweils in den folgenden Sätzen übernimmt; kreuze das jeweilige Satzglied in der rechten Spalte an.

Der präpositionale Ausdruck wird verwendet als:			pA	aB	pO
Der Bergsteiger fürchtet sich	**vor dem Gewitter.**				
Die Luft	**vor dem Gewitter**	ist schwül.			
Die Luft ist	**vor dem Gewitter**	schwül.			
Die Wissenschaftler suchen	**nach einer Entdeckung.**				
Die Zufriedenheit	**nach einer Entdeckung**	ist groß.			
Die Zufriedenheit ist	**nach einer Entdeckung**	groß.			
Das Spiel	**mit den Würfeln**	macht den Kindern Spaß.			
Man muß	**mit den Würfeln**	eine hohe Punktzahl erreichen.			
Die Kinder spielen	**mit den Würfeln.**				

Du merkst, daß sich durch die **Stellung der Wörter im Satz** der Sinn eines Satzes ändern kann.

Übersicht der Satzglieder

18.4 Nun wird jemand gesucht, der die Fehler, die sich in den nächsten Sätzen verstecken, herausfinden kann. Hierzu sei in Erinnerung gerufen, daß die **Apposition** immer in demselben Fall steht wie das Substantiv, zu dem sie gehört. Z. B. Dieters Interesse gehört dem Rollschuhlaufen, *seiner Freizeitbeschäftigung*. Die Apposition gehört zum Dativ-Objekt *dem Rollschuhlaufen*; also steht *seiner Freizeitbeschäftigung* auch im Dativ.
Streiche die falschen Buchstaben durch und schreibe die richtigen darüber; es kann auch ein Buchstabe fehlen.

Otto, unser Briefträger, muß täglich viele Treppen steigen.

Das Gewicht seiner Tasche, der dicke Postbehälter, ist groß.

Manchmal muß er dem Schäferhund, der scharfe Wachhund, ausweichen.

Bei besonderen Anlässen vertritt er Willi, sein Kollege.

2.3 Zusammenfassender Satzbauplan: Wir prüfen, ob wir alles verstanden haben.

Nun kennen wir **alle Satzglieder,** die es im Deutschen gibt:

das **Subjekt**
das **Prädikat**
das **Objekt**
die **adverbiale Bestimmung**
das **Attribut**

Nachdem wir die Aufgabe aller dieser Satzglieder im einzelnen kennengelernt haben, wollen wir uns noch einmal klarmachen, welche Ausdrucksmöglichkeiten uns unsere Sprache gibt.

— Das **Subjekt** nennt die Person oder Sache, von der die Rede ist.
— Das **Prädikat** macht eine Aussage über diese Person oder Sache.
— Das **Objekt** ergänzt die Teile, die manchmal in einem Prädikat noch fehlen.
— Die **adverbiale Bestimmung** ist meist ein „Luxus-Satzglied"; es läßt uns ein **Verb** (im Prädikat) näher bestimmen.
— Das **Attribut** ist meist ein „Luxus-Satzglied"; es läßt uns ein **Substantiv** (im Subjekt,, im Prädikatsnomen, im Objekt, in der adverbialen Bestimmung, im Attribut selbst) näher bestimmen.

2 Satzbau
2.3 Zusammenfassung

Wie man sieht, haben die adverbiale Bestimmung und das Attribut dieselbe Aufgabe (nämlich etwas genauer zu erläutern); sie führen sie nur an unterschiedlichen Wortarten aus (die adverbiale Bestimmung — am Verb, das Attribut — am Substantiv). (Vgl. Seite 117.)

Um sich auch die *logischen Beziehungen der einzelnen Satzglieder zueinander* merken zu können, folgt jetzt ein **zusammenfassender Satzbauplan,** in dem jedes Satzglied mit seinen Unterarten und den passenden Fragewörtern enthalten ist. Der Plan zeigt, welche Beziehungen grundsätzlich zwischen den Satzgliedern herrschen.

Zusammenfassender Satzbauplan

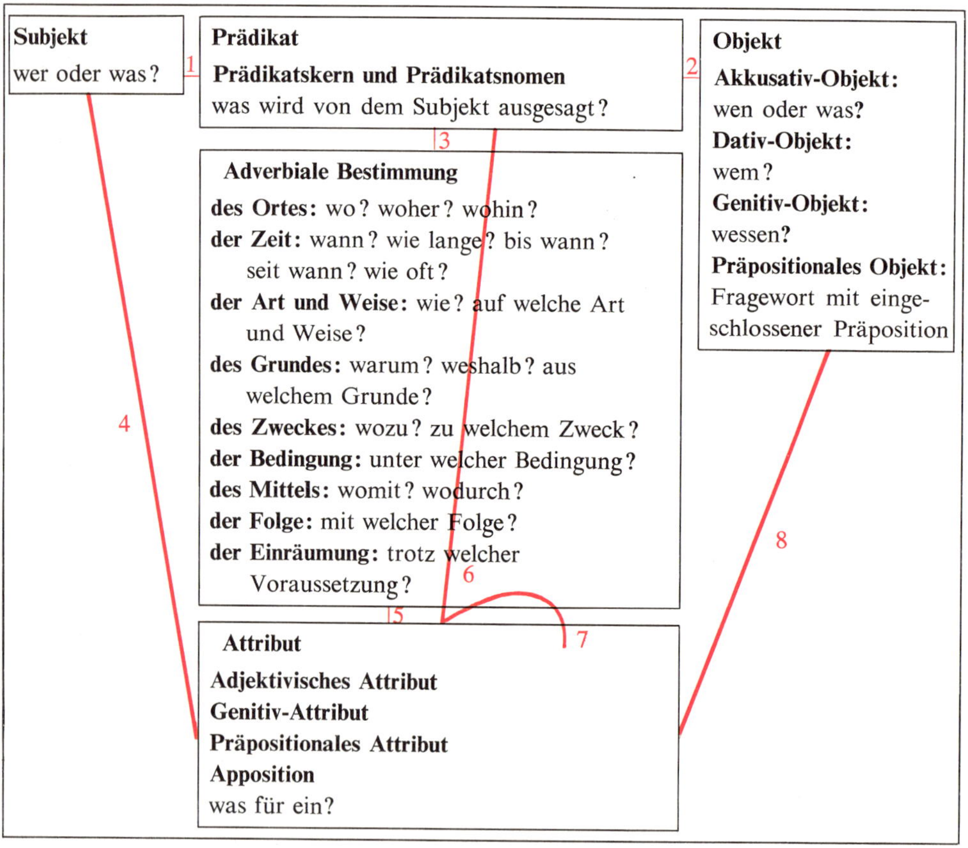

Übersicht der Satzglieder

Erläuterung

Das **Subjekt** bezieht sich immer auf das Prädikat und das **Prädikat** immer auf das Subjekt (Verbindungslinie 1).

Das **Objekt** hat immer eine Beziehung zum Prädikat (Verbindungslinie 2).

Die **adverbiale Bestimmung** bezieht sich immer auf das Prädikat (Verbindungslinie 3).

Das **Attribut** kann sich beziehen auf das Subjekt (Verbindungslinie 4), die adverbiale Bestimmung (Verbindungslinie 5), das Prädikatsnomen (Verbindungslinie 6), das Attribut (Verbindungslinie 7) oder das Objekt (Verbindungslinie 8). Mehr logische Beziehungen gibt es in unserer deutschen Sprache nicht.

Damit wir Sicherheit bekommen beim Erkennen von Satzgliedern, wollen wir an mehreren kleinen Texten üben, jedes vorkommende Satzglied zu bestimmen und die logischen Zusammenhänge innerhalb der Sätze graphisch darzustellen.
Wir verwenden dabei die **Abkürzungen,** die sich aus den Anfangsbuchstaben der Fachausdrücke ergeben:

Subjekt .... **S**
Prädikat .... **P**
Prädikatskern .... **PK**
Prädikatsnomen .... **PN**
Akkusativ-Objekt .... **AO**
Dativ-Objekt .... **DO**
Genitiv-Objekt .... **GO**
Präpositionales Objekt .... **pO**
Adverbiale Bestimmung des Ortes ... **aBO**
Adverbiale Bestimmung der Zeit .... **aBZ**
Adverbiale Bestimmung der Art und Weise .. **aBAW**
Adverbiale Bestimmung des Grundes **aBG**
Adverbiale Bestimmung des Zweckes **aBZw**
Adverbiale Bestimmung der Bedingung .. **aBB**
Adverbiale Bestimmung des Mittels.. **aBM**
Adverbiale Bestimmung der Folge ... **aBF**
Adverbiale Bestimmung der Einräumung **aBE**
Adjektivisches Attribut .... **aA**
Genitiv-Attribut .... **GA**
Präpositionales Attribut .... **pA**
Apposition .... **Ap**

Ein Beispieltext zu Beginn zeigt noch einmal genau, wie es gemacht werden soll. Die Schwierigkeit der Satzglied-Bestimmung nimmt von Text zu Text ein wenig zu.

(Anmerkung: Pronomen, die ein Substantiv begleiten, können unberücksichtigt bleiben z.B. [dieser] Text, [mein] Text.)

2 Satzbau
2.3 Zusammenfassung

Übungsbeispiel

Bestimme die Satzglieder und stelle die logischen Zusammenhänge innerhalb der Sätze graphisch dar.

(1) Ein Hund lief einmal durch einen Bach und hielt ein Fleischstück im Maul. (2) Plötzlich sah er den Schatten des Fleisches im Wasser. (3) Er öffnete sein Maul und schnappte zu. (4) Da entfiel ihm das Fleisch, (5) und die Strömung führte es weg. (6) Nun hatte er das Fleisch und den Schatten verloren. (7) Da schämte er sich seiner Dummheit.

①

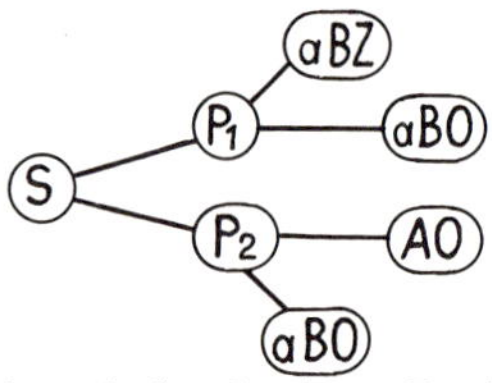

Kontrolle:

Wer oder was lief einmal durch einen Bach und hielt ein Fleischstück im Maul? — *der Hund* (S)
Was wird von dem Hund **ausgesagt?** — *lief und hielt* (P_1 und P_2)
Wann lief ein Hund durch einen Bach und hielt ein Fleischstück im Maul? — *einmal* (aBZ)
Wohin lief einmal ein Hund und hielt ein Fleischstück im Maul? — *durch einen Bach* (aBO)
Wen oder was hielt er im Maul? — *ein Fleischstück* (AO) zu P_2
Wo hielt er ein Fleischstück? — *im Maul* (aBO) zu P_2

②

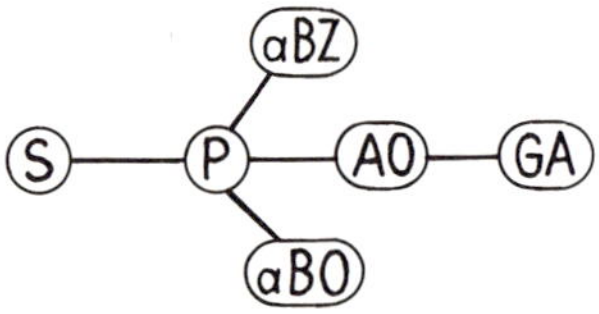

Kontrolle:

Wer oder was sah plötzlich den Schatten des Fleisches im Wasser? — *er* (S)
Was wird von ihm **ausgesagt?** — *sah* (P)
Wen oder was sah er plötzlich im Wasser? — *den Schatten* (AO)
Was für einen Schatten sah er plötzlich im Wasser? — *des Fleisches* (GA)
Wann sah er den Schatten des Fleisches im Wasser? — *plötzlich* (aBZ)
Wo sah er plötzlich den Schatten des Fleisches? — *im Wasser* (aBO)

③

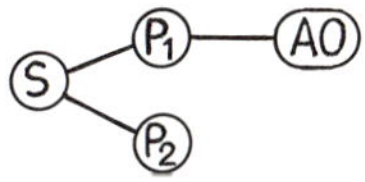

Kontrolle:

Wer oder was öffnete sein Maul und schnappte zu? — *er* (S)

Was wird von ihm **ausgesagt?** — *öffnete und schnappte zu* (P_1 und P_2)

Wen oder was öffnete er? — *sein Maul* (AO)

④

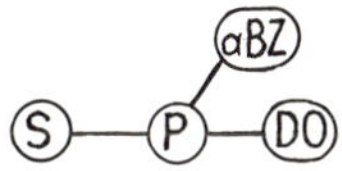

Kontrolle:

Wer oder was entfiel ihm? — *das Fleisch* (S)

Was wird von dem Fleisch **ausgesagt?** — *entfiel* (P)

Wem entfiel das Fleisch? — *ihm* (DO)

Wann entfiel ihm das Fleisch? — *da* (aBZ)

⑤

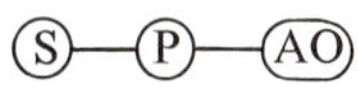

Kontrolle:

Wer oder was führte es weg? — *die Strömung* (S)

Was wird von der Strömung **ausgesagt?** — *führte weg* (P)

Wen oder was führte die Strömung weg? — *es* (AO)

⑥

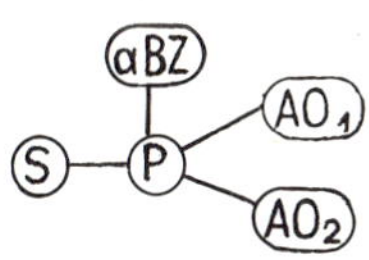

Kontrolle:

Wer oder was hatte nun das Fleisch und den Schatten verloren? *er* (S)

Was wird von ihm **ausgesagt?** — *hatte verloren* (P)

Wen oder was hatte es nun verloren? — *das Fleisch und den Schatten* (AO_1 und AO_2)

Wann hatte er das Fleisch und den Schatten verloren? — *nun* (aBZ)

2 Satzbau
2.3 Zusammenfassung

⑦

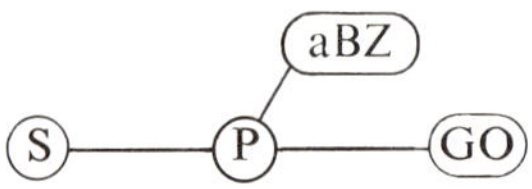

Kontrolle:

Wer oder was schämte sich seiner Dummheit? — *er* (S)

Was wird von ihm **ausgesagt?** — *schämte* (*sich*) (P) vgl. Seite 103

Wessen schämte er sich? — *seiner Dummheit* (GO)

Wann schämte er sich seiner Dummheit? — *da* (aBZ)

Übungen

Bestimme nun nach derselben Arbeitsweise die *Satzglieder* der folgenden Texte und stelle die logischen Zusammenhänge innerhalb der Sätze graphisch dar.
Stelle dabei bei jedem einzelnen Satzglied **still** die **Frage** in der Weise, wie sie dir im Übungsbeispiel gezeigt wurde.

19.1 *(1) Der kluge Joel bekommt eines Tages einen Brief. (2) Er reißt das Kuvert auf und findet darin einen unbeschriebenen Briefbogen. (3) Joel betrachtet den Brief genau. (4) Nach längerem Nachdenken sagt er mit Überzeugung: (5) „Der leere Brief stammt von meinem älteren Bruder. (6) Wir zanken uns gerade.“*

19.2 *(1) In der Straßenbahn stehen die Fahrgäste dichtgedrängt. (2) Während der Fahrt steht ein junger Mann versehentlich auf dem Schuh eines älteren Herrn. (3) Trotz des Schmerzes klopft der Herr ihm väterlich auf die Schulter und erkundigt sich nach seinem Alter. (4) Dann meint er vielsagend: (5) „In diesem Alter stand ich auf EIGENEN Füßen!“*

19.3 *(1) Ein Wanderer übernachtete einmal in einem kleinen Gasthof. (2) Zum Erstaunen der Zimmergenossen zog er sich vor dem Schlafengehen Pantoffeln an. (3) Aus Neugier fragten die anderen nach dem Grund für das ungewöhnliche Verhalten. (4) „Ich ziehe die Schuhe zum Schutz meiner Füße an. (5) Gestern bin ich im Traum in eine Scherbe getreten!“*

2 Satzbau
2.3 Zusammenfassung

19.4 *(1) Ein junger Advokat aus Wuppertal hat sich in Köln ein Arbeitszimmer eingerichtet. (2) Zur Krönung des Ganzen kauft er ein Luxustelefon mit Elfenbeinmuschel. (3) Die Sekretärin meldet ihm den ersten Besucher. (4) Aus Geltungsbedürfnis täuscht er beim Eintritt des Besuchers ein bedeutsames Telefongespräch vor: („Mein lieber Generaldirektor, wir verlieren ja nur Zeit miteinander ... Ja, wenn Sie durchaus wollen ... Aber nicht unter zwanzigtausend Mark! Also schön — abgemacht ... Guten Tag!") (5) Mit zufriedenem Gesicht legt er den Hörer auf. (6) Daraufhin erklärt der Besucher ihm befangen: (7) „Ich — bin der Monteur von der Post. (8) Ich schließe gleich das Telefon an."*

(Anmerkung: Die eingeklammerten Sätze brauchst du nicht zu berücksichtigen.)

19.5 *(1) In der Seeschlacht von Trafalgar sausten die Kugeln aus blankem Metall durch die Luft. (2) Die Mastbäume krachten gefährlich. (3) Trotz der Gefahr nahm sich ein Matrose Zeit und kratzte sich wegen heftigen Kribbelns am Kopf. (4) Plötzlich entdeckte er zu seiner Verwunderung am Hinterkopf ein winziges Tierchen. (5) Er griff es, (6) und es fiel auf den Boden. (7) Er bückte sich zum Zertreten des Tierchens. (8) In diesem Augenblick streifte seinen Rücken eine feindliche Kugel und traf einen Mastbaum. (9) Da erfaßte den Matrosen ein Gefühl der Dankbarkeit. (10) Deswegen hob der Matrose, ein seltsamer Mann, das Tierchen schonend vom Boden auf und setzte es zum Erstaunen seiner Umgebung auf den Kopf. (11) „Du hast mir das Leben gerettet!"*

2 Satzbau
2.4 Verstärkte Satzglieder

2.4 Verstärkte Satzglieder:
Wir machen aus Satzgliedern Gliedsätze

Wenn uns der Umfang der bisher bekannten **Satzglieder** für das, was wir sagen möchten, nicht ausreicht, so lassen sich Subjekte, Objekte, adverbiale Bestimmungen und Attribute zu ausführlichen **Gliedsätzen** entfalten. Diese Gliedsätze, die — mit Ausnahme einiger Verkürzungsmöglichkeiten — immer Subjekt und Prädikat aufweisen, haben **dieselbe Aufgabe wie die Satzglieder, die sie entfalten**; auch die Satzgliedfragen wie wer oder was? wen oder was? wo? was für ein? ändern sich nicht.

So entstehen:

aus Subjekten	→ **Subjektsätze**
aus Objekten	→ **Objektsätze**
aus adv. Bestimmungen	→ **Adverbialsätze**
aus Attributen	→ **Attributsätze.**

Daß ein Gliedsatz ein unselbständiger Satz ist, der von einem Hauptsatz abhängt, wissen wir bereits (vgl. Seite 94). Die **Verbindung eines Hauptsatzes mit einem Gliedsatz** nennt man **Satzgefüge.**

Subjektsatz

Dem Subjekt dieses Satzes — *Dein Besuch freut mich.*

läßt sich außer Attributen nichts mehr hinzufügen. — *dein Besuch*

Wandelt man das Subjekt jedoch in einen richtigen Satz (mit Subjekt und Prädikat) um, so kann man den entstandenen **Subjektsatz** — *Daß du mich besuchst, freut mich.*

bei Bedarf noch mit zahlreichen Satzgliedern ausstatten, z. B. — *Daß du mich, deinen Freund, heute im Krankenhaus am Stadtrand mit einem hübschen Geschenk besuchst, freut mich.*

Das zum Subjektsatz erweiterte Subjekt bietet also die Möglichkeit, sich ausführlicher auszudrücken.

Nach einem Subjektsatz fragt man (wie nach einem Subjekt) — **wer oder was?**

Wer oder was freut mich? — *Dein Besuch/ Daß du mich, deinen Freund, heute im Krankenhaus am Stadtrand mit einem hübschen Geschenk besuchst*, freut mich.

Jeder Subjektsatz ist also ein Gliedsatz, nach dem man *wer oder was?* fragt. Jeder Gliedsatz, nach dem man *wer oder was?* fragt, ist ein Subjektsatz.

Subjektsatz
Objektsatz

Objektsatz

Gliedsätze, nach denen man fragt, sind

wen oder was?
Objektsätze im Akkusativ,

Der Rettungsdienst erfährt, daß jemand in Not ist.

Wen oder was erfährt der Rettungsdienst?
Der Rettungsdienst erfährt, *daß jemand in Not ist.*

Gliedsätze, nach denen man fragt, sind

wem?
Objektsätze im Dativ,

Wem ein Unglück zugestoßen ist, versagt er seine Hilfe nicht.

Wem versagt er seine Hilfe nicht?
Wem ein Unglück zugestoßen ist, versagt er seine Hilfe nicht.

Gliedsätze, nach denen man fragt, sind

wessen?
Objektsätze im Genitiv,

Er vergewissert sich, daß alle Rettungsgeräte in Ordnung sind.

Wessen vergewissert er sich?
Er vergewissert sich, *daß alle Rettungsgeräte in Ordnung sind.*

Gliedsätze, nach denen man mit einem fragt, sind

Fragewort mit eingeschlossener Präposition
Objektsätze, die ein präpositionales Objekt entfalten,

Der Hilflose wundert sich, daß so schnell Hilfe kommt.

Worüber wundert sich der Hilflose?
Der Hilflose wundert sich, *daß so schnell Hilfe kommt.*

2 Satzbau
2.4 Verstärkte Satzglieder

Adverbialsatz

Gliedsätze, nach denen man genauso fragt wie nach einer adverbialen Bestimmung, sind **Adverbialsätze.**

Während der Kranführer die Steine in die vierte Etage hebt, bedient ein Bauarbeiter die Betonmischmaschine.

Wann bedient ein Bauarbeiter die Betonmischmaschine?
Während der Kranführer die Steine in die vierte Etage hebt, bedient ein Bauarbeiter die Betonmischmaschine.

Der Gliedsatz ist ein Adverbialsatz der Zeit oder ein **Temporalsatz.**

Weitere Beispiele wären:
Weil es etwas windig ist, muß der Kranführer sehr aufpassen.

Warum muß der Kranführer sehr aufpassen?
Weil es etwas windig ist, muß der Kranführer sehr aufpassen.

Der Gliedsatz ist ein Adverbialsatz des Grundes oder ein **Kausalsatz.**

Obwohl die Arbeit recht schwierig ist, läßt er sich nicht aus der Ruhe bringen.

Trotz welcher Voraussetzung läßt er sich nicht aus der Ruhe bringen?
Obwohl die Arbeit recht schwierig ist, läßt er sich nicht aus der Ruhe bringen.

Der Gliedsatz ist ein Adverbialsatz der Einräumung oder ein **Konzessivsatz.**

Wie man an den Beispielsätzen erkennt, werden alle Adverbialsätze **durch unterordnende Konjunktionen eingeleitet** (vgl. S. 45), wie z. B. *nachdem*, *als* (für Adverbialsätze der Zeit), *indem* (für Adverbialsätze der Art und Weise), *damit* (für Adverbialsätze des Zweckes) *so daß* (für Adverbialsätze der Folge), *wenn* (für Adverbialsätze der Bedingung).

Adverbialsatz Attributsatz

Attributsatz

Gliedsätze, nach denen man fragt, sind **was für ein? Attributsätze.**

Der Stern, der immer genau im Norden steht, ist der Polarstern.

Was für ein Stern ist der Polarstern?
Der Stern, *der immer genau im Norden steht*, ist der Polarstern.

In Zeiten, in denen es noch keinen Kompaß gab, haben sich die Menschen an den Sternen orientiert.

In was für Zeiten haben sich die Menschen an den Sternen orientiert?
In Zeiten, *in denen es noch keinen Kompaß gab*, haben sich die Menschen an den Sternen orientiert.

An den Beispielsätzen läßt sich ablesen, daß alle Attributsätze **durch ein Relativpronomen eingeleitet** (vgl. S. 29) werden. Sie werden daher auch manchmal **Relativsätze** genannt. Sicherlich ist dir aufgefallen, daß die Gliedsätze eine bestimmte Zeichensetzung verlangen, nämlich:

Zeichensetzungsregel 4 Gliedsätze werden in Kommas eingeschlossen.

Für den Fall, daß der Gliedsatz in den Hauptsatz eingeschoben ist, bedeutet dies, daß er zwei Kommas bekommt: Der Stern, *der immer im Norden steht*, ist der Polarstern.

Im andern Fall erhält er nur ein Komma: Der Hilflose wundert sich, *daß so schnell Hilfe kommt.*
Weil es etwas windig ist, muß der Kranführer sehr aufpassen.

Wenn einmal mehrere **Gliedsätze aufgezählt** werden, z. B. *Das Bild, das er gestern gemalt hat, das er mir heute geschenkt hat und das morgen in meinem Zimmer hängen wird, gefällt mir gut.*, so gilt hierfür die Zeichensetzungsregel 1; denn Gliedsätze sind ja nichts anderes als entfaltete Satzglieder. (Für den Beispielsatz heißt das: Das erste Komma steht wegen der Trennung des Gliedsatzes vom Hauptsatz, das zweite Komma steht wegen der Aufzählung gleichartiger Satzglieder, und hinter *geschenkt hat* steht kein Komma, da an dieser Stelle bereits ein *und* steht; das letzte Komma steht wieder wegen der Trennung von dem zweiten Teil des Hauptsatzes.)

Zum Abschluß können wir nun die Gliedsätze in unseren zusammenfassenden Satzbauplan einfügen, und es entsteht die Übersicht:

Subjekt
Subjektsatz
wer oder was?

Prädikat
Prädikatskern und Prädikatsnomen
was wird von dem Subjekt ausgesagt?

Objekt
Objektsatz

Akkusativ-Objekt:
wen oder was?
Dativ-Objekt:
wem?
Genitiv-Objekt:
wessen?
Präpositionales Objekt:
Fragewort mit eingeschlossener Präposition

Adverbiale Bestimmung
Adverbialsatz

des Ortes: wo? woher? wohin?
der Zeit: wann? wie lange? bis wann? seit wann? wie oft?
der Art und Weise: wie? auf welche Art und Weise?
des Grundes: warum? weshalb? aus welchem Grunde?
des Zweckes: wozu? zu welchem Zweck?
der Bedingung: unter welcher Bedingung?
des Mittels: womit? wodurch?
der Folge? mit welcher Folge?
der Einräumung: trotz welcher Voraussetzung?

Attribut
Attributsatz

Adjektivisches Attribut
Genitiv-Attribut
Präpositionales Attribut
Apposition
was für ein?

Gliedsätze

Übungen

20.1 Unterstreiche im folgenden Text die **Hauptsätze** mit einem geraden Strich, die **Gliedsätze** mit einer Wellenlinie und schreibe über jeden Gliedsatz dessen Namen (z. B. Subjektsatz, Adverbialsatz des Ortes) und das passende Fragewort (z. B. *wer oder was? wo?*); setze außerdem die fehlenden Kommas.

Beispiel:

Abverbialsatz des Grunds: Warum

Weil wir bis hierher durchgehalten haben, können wir mit uns zufrieden sein.

(Anmerkung: **Hauptsätze** hängen von keinem anderen Satz ab; **Gliedsätze** hängen von einem anderen Satz ab. Nach Gliedsätzen fragt man wie nach den bekannten Satzgliedern.)

Die Zeichensetzung ist gar nicht schwer wenn man die Grundzüge der deutschen

Grammatik verstanden hat.

Da Gliedsätze entfaltete Satzglieder sind kann man sie mit den bekannten Satzglied-Fragen

gut erkennen.

Sätze in denen die Satzzeichen fehlen sehen ungewöhnlich aus.

Nachdem man die fehlenden Satzzeichen eingesetzt hat sehen sie „richtig“ aus.

Wer bei dieser Übung keine Schwierigkeiten hat sollte sofort zum Spielen gehen.

Bald haben wir genug gelernt und wir verdienen den Ehrentitel „Fachmann der deutschen

Grammatik“.

2 Satzbau
2.4 Verstärkte Satzglieder

20.2 Mit der nächsten Übung kannst du noch sicherer werden im Bestimmen von Gliedsätzen und bei der Zeichensetzung. Die Aufgabe lautet genauso wie in Übung 20.1. Die Namen in Klammern nennen die Persönlichkeit, von der der Satz stammt.

Lerne dich freuen denn Freuen ist eine ernste Sache. (*Seneca*)

Enthaltsamkeit ist ein Vergnügen an Dingen welche wir nicht kriegen. (*Wilhelm Busch*)

Um an die Quelle zu kommen muß man gegen den Strom schwimmen. (*Lec*)

Dir ist nichts unmöglich wenn du nur willst. (*Goethe*)

Schwachheiten schaden nicht mehr sobald wir sie kennen. (*Lichtenberg*)

Wer sich heute freuen kann soll nicht warten bis morgen. (*Pestalozzi*)

Es gibt Leute die nur aus dem Grund in jeder Suppe ein Haar finden weil sie wenn sie davor sitzen so lange den Kopf schütteln bis eines hineinfällt. (*Hebbel*)

20.3 **Der verlegene Magistrat** (*nach Heinrich von Kleist*)

Ein Stadtsoldat hatte kürzlich die Stadtwache verlassen obwohl er dazu nicht die Erlaubnis seines Offiziers hatte. Nach einem uralten Gesetz steht auf ein solches Verbrechen das aus politischen Gründen offiziell schwer geahndet werden muß eigentlich die Todesstrafe. Da jedoch insgeheim jedes Magistratsmitglied dieses Strafmaß als zu hoch empfand ist davon seit vielen hundert Jahren kein Gebrauch gemacht worden. Wer wegen dieses Verbrechens verurteilt worden war wurde zu einer Geldzahlung aufgefordert so daß er jedenfalls einen Denkzettel bekam. Der besagte Kerl aber erklärte daß er dem Gesetz gemäß sterben wolle weil es ihm nun einmal zukomme. Der Magistrat machte ihm klar daß die Geldstrafe für ihn vorteilhafter als die Todestrafe sei. Doch der Kerl sagte daß er seines Lebens müde sei und daß er sterben wolle. So blieb dem Magistrat der kein Blut vergießen wollte nichts anderes übrig: Er erließ dem Schelm die Geldstrafe und war noch froh als dieser ihm mitteilte daß er unter diesen Umständen am Leben bleiben wolle. Wo ein Schelm am Werke ist hat der Rechtschaffene es schwer ... Und wenn der Rechtschaffene unter allen Umständen rechtschaffen bleiben will trägt wohl so manches Mal der Schelm den Sieg davon.

Weil wir uns mit Ernst bis zur letzten Seite durchgearbeitet haben, wartet nun ein kleiner grammatischer Leckerbissen auf uns:

Welcher Art sind die Wortarten, Satzglieder und Gliedsätze in

Fisches Nachtgesang *von Christian Morgenstern*

3 Stichwortregister Alphabetisch geordnet

3 Stichwortregister
Alphabetisch geordnet

Stichwortregister
Alphabetisch geordnet

Sammelname 14
Satzaussage 94

3 Stichwortregister
Alphabetisch geordnet

Stichwortregister
Wo finde ich — was?

3 Stichwortregister
Wo finde ich — was?

	Lateinische Bezeichnung:	Deutsche Bezeichnung:	Seite:
1.21 Wortarten	– femininum	weiblich	19
	– neutrum	sächlich	19
	Adjektiv	**Eigenschaftswort, Wiewort,**	22ff., 48, 54
		Artwort, Beiwort	22
	– Komparation	Steigerung	23ff.
	– Positiv	Grundstufe	23/24
	– Komparativ	Vergleichsstufe	23/24
	– Superlativ	Höchststufe	23/24
	–	Ableitung	24
	Pronomen	**Fürwort**	27ff., 48, 54
	– Personalpronomen	persönliches Fürwort	28, 48
	– Possessivpronomen	besitzanzeigendes Fürwort	28/29, 48
	– Demonstrativpronomen	hinweisendes Fürwort	29, 48
	– Relativpronomen	bezügliches Fürwort	29, 49
	– Interrogativpronomen	fragendes Fürwort	30, 49
	– Indefinitpronomen	unbestimmtes Fürwort	30, 49
	Numerale	**Zahlwort**	34ff., 49
	–	unbestimmtes Zahlwort	34, 50
	–	bestimmtes Zahlwort	34
	– Kardinalzahl	Grundzahl	34/35
	– Ordinalzahl	Ordnungszahl	35
	Adverb	**Umstandswort**	39ff., 49, 54, 131/132
	– Lokaladverb	Umstandswort des Ortes	39
	– Temporaladverb	Umstandswort der Zeit	40, 66
	– Modaladverb	Umstandswort der Art und Weise	40
	– Kausaladverb	Umstandswort des Grundes	40
	–	Ableitung	125, 131
	Präposition	**Verhältniswort**	42ff., 49/50, 54
	– Rektion	Lenkung	91
	Konjunktion	**Bindewort**	44ff., 49, 96/97
	– koordinierende	nebenordnende Konjunktion	44
	– subordinierende	unterordnende Konjunktion	45
	Interjektion	**Ausrufewort**	47, 49, 54

3 Stichwortregister
Wo finde ich — was?

3 Stichwortregister
Wo finde ich — was?

3 Stichwortregister
Wo finde ich — was?

Quellenverzeichnis

Quellenhinweise: ① „In dieser Minute“ von Eva Rechlin © bei Autorin ② „Die Ameisen“ von Joachim Ringelnatz, Karl Henssel-Verlag ③ „Salomonisches Urteil“ von Sigismund von Radecki aus „ABC des Lachens“, Rowohlt-Verlag ④ „Die Schnecke“ nach Paul Keller aus „Ein Päckchen Humor“, Bergstadt-Verlag ⑤ „Das Lied vom Jockel“ aus der Sammlung „Allerleirauh“, Suhrkamp-Verlag ⑥ „Lieber Brieffreund“ nach Charles M. Schulz, United Feature Syndicate, Inc./1969. Deutsche Übersetzung von Ellen Jacobsen in „Gruß und Kuß Dein Julius“, Ellermann-Verlag ⑦ „Zuvorgekommen“ von o. e. plauen, aus „Vater und Sohn“, Südverlag.

Mentor Lernhilfe
Band 15
Deutsch

Lösungsteil zu
Bausteine und Spielregeln unserer Sprache

Von Antje Kelle

1.1 Die *Kuckuckseier* lauten
1. verschieden
2. Geräusch
3. herrlich

da es sich nicht um **Verben** handelt.

1.2 Die Wörter
knarren
aufheben
gehen

sind **Kuckuckseier:** denn *knarren* ist ein Vorgang (keine Handlung), *aufheben* ist eine Handlung (kein Vorgang), und *gehen* ist ebenfalls eine Handlung (kein Zustand).

1.3 Die übrigen **Hilfsverben** heißen: dürfen, wollen, mögen, sollen, können, müssen.

1.4 Die folgende alphabetische Übersicht stellt eine Auswahl von 100 Wörtern dar, die man anstelle des Verbs *sprechen* benutzen kann. Einige von ihnen hast du bestimmt auch gefunden, andere Wörter aus diesem **Wortfeld** wirst du wohl vergeblich suchen.

angeben – anordnen – antworten – argumentieren – äußern – babbeln – befehlen – begründen – bekanntgeben – bekennen – bemerken – berichten – beschreiben – bitten – brüllen – brummen – danken – darlegen – debattieren – diktieren – diskutieren – einräumen – einwenden – entgegnen – entschuldigen – erklären – erläutern – ermahnen – erwähnen – erwidern – erzählen – faseln – flehen – flüstern – fordern – formulieren – fragen – heucheln – heulen – jammern – jauchzen – jubeln – keifen – klagen – kreischen – lallen – lamentieren – leiern – leugnen – loben – lügen – maulen – meckern – meinen – mitteilen – munkeln – murmeln – murren – nennen – nörgeln – nuscheln – petzen – plappern – plaudern – prahlen – preisen – quasseln – quatschen – raten – raunen – reden – rufen – rügen – sagen – säuseln – schelten – schimpfen – schnauzen – schreien – schwatzen – schwören – sticheln – stottern – streiten – tratschen – tuscheln – überreden – unterhalten – verneinen – verteidigen – vortragen – warnen – widersprechen – wimmern – wispern – zetern – zischeln – zitieren – zugestehen – zweifeln

2.1 Die Substantive *Wecker*, *Kugel*, *Teller* sind **Konkreta**; man kann diese Dinge mit den Sinnen wahrnehmen.
Die Substantive *Glück*, *Übung*, *Kraft* sind **Abstrakta**; man kann diese Gedankendinge nicht mit den Sinnen wahrnehmen.

2.2 Der **Eigenname** für die Hauptstadt von England lautet: *London.* Der Entdecker Amerikas heißt: *Kolumbus.*

2.3 Der gesuchte **Artname** ist: *Elefant.*

2.4 Der gesuchte **Gattungsname** lautet: *Raubtier.* (Auch diese Antworten wären richtig: *Tier*, *Säugetier.*)

2.5 Die ausgefüllte **Substantiv-Pyramide** sieht so aus:

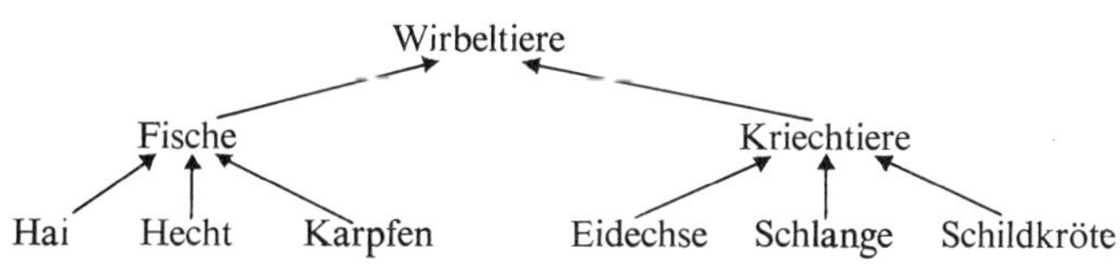

2.6 Durch die Vorsilbe **Ge-** lassen sich einige Substantive zu **Sammelnamen** machen, z.B.

Busch – *Gebüsch* (= viele Büsche)
Wolke – *Gewölk* (= viele Wolken)
Stein – *Gestein* (= viele Steine)

Weitere Beispiele:

Hof – *Gehöft* (= viele Höfe)
Balken – *Gebälk* (= viele Balken)
Stern – *Gestirn* (= viele Sterne)

2.7 Die **Komposita**-Ketten lauten:

Scherzfrage – Fragezeichen – Zeichenblock – Blockhaus – Haustür – Türgriff

Bratkartoffel – Kartoffelacker – Ackerland – Landkarte – Kartenspiel – Spielplatz – Platzverweis

Sommerferien – Ferienreise – Reisekoffer – Kofferradio – Radiomusik – Musikwettbewerb – Wettbewerbsteilnehmer – Teilnehmerzahl

2.8 Die **Anfangsbuchstaben** der falsch gesetzten Wörter ergeben das Wort **Substantiv.** Die Liste heißt nämlich richtig:

lesen
Schuh
Unterhaltung
lachen
Brett
leicht
Spatz
Treppe
Adler
laufen
richtig
Natur
Tiger
Igel
zerbrechen
Verlust

3.1 Die „Teekesselchen" mit ihren **Artikeln** heißen:

maskulinum	**femininum**	**neutrum**
der Leiter (Führer)	die Leiter (Sprossentreppe)	—
der Tau (Niederschlag)	—	das Tau (Seil)
der Bauer (Landmann)	—	das Bauer (Käfig)
der Kunde (Käufer)	die Kunde (Nachricht)	—
—	die Steuer (Abgabe)	das Steuer (Lenkvorrichtung)

Zu Seite 20 **Zu Seite 26**

maskulinum	femininum	neutrum
der Gehalt (Inhalt)	—	das Gehalt (Einkommen)
der Stift (Schreibgerät)	—	das Stift (Kloster)
der Heide (Ungläubiger)	die Heide (Landschaft)	—
der Harz (dt. Gebirge)	—	das Harz (pflanzlicher Stoff)
der Flur (Hausflur)	die Flur (freies Feld)	—
der See (Binnensee)	die See (Meer)	—
der Weise (Gelehrter)	die Weise (Melodie)	—
der Verdienst (Erwerb)	—	das Verdienst (besondere Tat)

3.2 Die vollständigen **Sprichwörter** lauten:

Besser ein Spatz in der Hand als eine Katze auf dem Dach.
(Der unbestimmte Artikel hat ein **männliches Geschlecht**.)

Wer anderen eine Grube gräbt, fällt selbst hinein.
(Der unbestimmte Artikel hat **weibliches Geschlecht**.)

Was ein Häkchen werden will, krümmt sich beizeiten.
(Der unbestimmte Artikel hat **sächliches Geschlecht**.)

Der unbestimmte Artikel ist hier besser geeignet als der bestimmte, weil irgendein beliebiger Spatz, irgendeine beliebige Grube und irgendein beliebiges Häkchen gemeint sind.

4.1 Folgende **Adjektive** müßten im Brief unterstrichen sein:

richtige – verschiedene – dicke – kleines – geeigneten – breiten – viele – dichtem – benachbarten – drei – offene – heimlichen – einige – lange – gemütlichen – grünen – nächste

4.2 Das Kreuz gehört zur dritten Antwort, nämlich:
Im luftleeren Raum fällt ein Geldstück genauso schnell wie ein gleich großes Stück Papier.

Regel 1:
Beim Vergleichen *gleicher* Dinge verwendet man das Vergleichswort *wie*. (Das Adjektiv steht im **Positiv**.)
(Beispiel: Meine Freundin ist *genauso alt wie* ich.)

Regel 2:
Beim Vergleichen *un*gleicher Dinge verwendet man das Vergleichswort *als*. (Das Adjektiv steht im **Komparativ.**) (Beispiel: Ein Ferientag ist *schöner als* ein Schultag.)

4.3 Die Tabelle mit den **abgeleiteten Adjektiven** sieht so aus:

Nachsilbe -lich	**Nachsilbe -ig**	**Nachsilbe -bar**
abendlich	eckig	haltbar
kindlich	sandig	entflammbar
freundlich	geizig	eßbar

4.4 Der Text enthält drei Rechtschreibfehler: Wegen der **Substantivierung** von Adjektiven muß es heißen:

das Alltägliche, das Fremde und das Neue.

5.1 Der Abzählvers nennt die 1. (*ich*) und 2. (*du*) Person.

Das **stellvertretende Personalpronomen** für *Müllers Kuh* hieße: *sie*.

Das stellvertretende Personalpronomen für *Müllers Esel* hieße: *er*.

Beide Personalpronomen (*sie* und *er*) betreffen die 3. Person.

5.2 Der veränderte Text lautet mit den **Possessivpronomen:**
Silke bekommt von *ihrer* Brieffreundin eine Einladung. Sie zeigt sie strahlend *ihren* Eltern und bettelt: „Bitte, bitte, darf ich *meine* Freundin besuchen?"

5.3 Das **Demonstrativpronomen** *jener* wäre hier auch geeignet.
Der Kommentar hieße dann: „*Diesen* möchte ich haben, *jenen* nicht."

5.4 Nach einigem Knobeln entziffern die Verfolger das Aufgabenblatt; es heißt:

Geht 10 Schritte geradeaus, dort kommt ihr zu einem Baum, *der* Früchte trägt. Bringt eine reife Frucht mit und ein Blatt von der Schlingpflanze, *die* sich um den Stamm windet.
Die beiden **Relativpronomen** sind die unterstrichenen Wörter *der* und *die*.

5.5 Das verborgene **Interrogativpronomen** lautet: *wo*.

5.6 Der erfundene Name ist das **Indefinitpronomen** *NIEMAND*.
(Der einäugige Riese Polyphem hatte einige Gefährten des Odysseus verspeist, worauf Odysseus ihn blendete. Als der vor Schmerzen wehklagende Polyphem dann gefragt wurde, wer ihn denn geblendet habe, mußte er antworten: „Niemand hat mich geblendet ...")

6.1 So sehen die Kreise aus, wenn die **unbestimmten Zahlwörter** eingetragen sind:

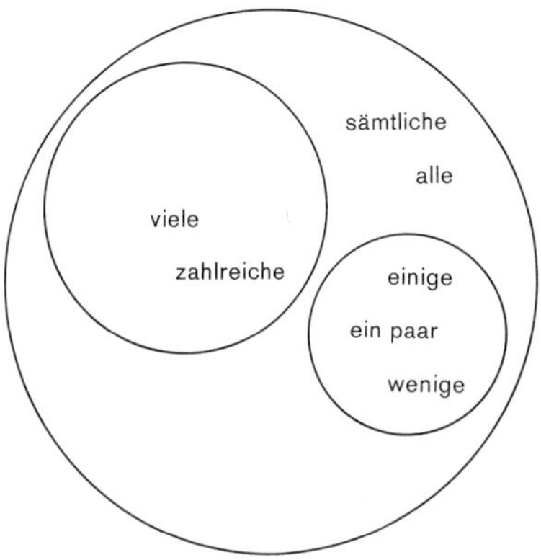

6.2 Die **Grundzahlen/Kardinalzahlen** *elf* und *zwölf* haben im Deutschen eine einfache Form.
Die Zahlen von *dreizehn* bis *neunzehn* werden im Deutschen mit der Zahl *zehn* zusammengesetzt.

16 = sechzehn
17 = siebzehn
18 = achtzehn
70 = siebzig
80 = achtzig
90 = neunzig

1872 = eintausendachthundert-zweiundsiebzig

Ein *Paar* ist ein Sonderausdruck für die Zahl 2.
Ein *Dutzend* ist ein Sonderausdruck für die Zahl 12.

6.3 Die **Ordnungszahlen/Ordinalzahlen** von *der erste* bis *der neunzehnte* weisen die Endung *-te* auf.

Die Ordnungszahlen von *der zwanzigste* bis *der hundertste* weisen die Endung *-ste* auf.

Die Ziffern der Ordnungszahlen unterscheiden sich von den Grundzahlen durch einen **Punkt.**

Das Datum von Heiligabend wird als Ziffer geschrieben: *24.* Dezember.

Die korrekte Schreibweise für Heinrich den Achten lautet: Heinrich *VIII.*

7.2 Die Zuordnung der **Adverbien** führt zu folgender Tabelle:

Lokaladverbien	**Temporaladverbien**
dorther	abends
auswärts	manchmal
mitten	bald

Modaladverbien	**Kausaladverbien**
sehr	darum
genug	trotzdem
beinahe	demnach

7.3 Die vervollständigten Kästchen führen zu folgendem Ergebnis:

f	r	ü	h	X	X	X	s	p	ä	t	X	X	X	X
n	i	e	X	X	X	X	i	m	m	e	r	X	X	X
s	e	l	t	e	n	X	o	f	t	X	X	X	X	X
v	o	r	h	e	r	X	n	a	c	h	h	e	r	X
d	a	n	a	c	h	X	d	a	v	o	r	X	X	X
h	i	e	r	X	X	X	d	o	r	t	X	X	X	X
o	b	e	n	X	X	X	u	n	t	e	n	X	X	X
v	o	r	n	X	X	X	h	i	n	t	e	n	X	X
a	u	ß	e	n	X	X	i	n	n	e	n	X	X	X
ü	b	e	r	a	l	l	n	i	r	g	e	n	d	s

7.1 Das Adverb *da* kann sowohl ein Lokaladverb sein (*Da* sitzt ein Frosch.) als auch ein Temporaladverb (*Da* begann er zu laufen.)

8.1 Die Sätze lauten mit eingesetzten **Präpositionen:**

Jan steht *vor* der Tür. (Auch die Präposition *an* würde passen.)
Er späht *durch* das Schlüsselloch.
In der Hand hält er ein Geschenk *mit* einer großen Schleife.
Aus seiner Hosentasche hängt ein Taschentuchzipfel heraus.

8.2 Die Präposition *auf* bezeichnet das **Verhältnis** zwischen der Vase und dem Tisch. Die Präposition *an* bezeichnet das Verhältnis zwischen dem Bild und der Wand.

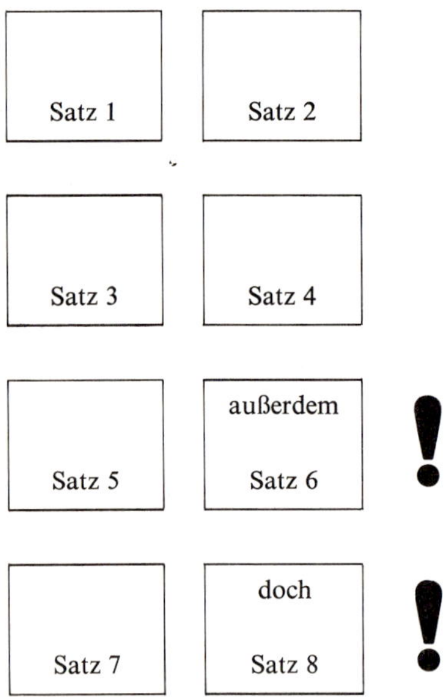

Die Präposition *im* bezeichnet das Verhältnis zwischen dem Feuer und dem Kamin.

9.1 Die **Konjunktion** *oder* verbindet hier **ganze** Sätze.

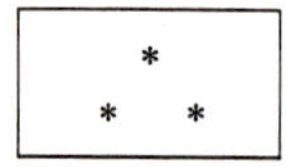

Die Konjunktion *oder* verbindet hier **Wortgruppen.**

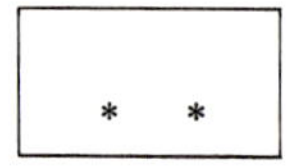

Die Konjunktion *oder* verbindet hier **einzelne Wörter.**

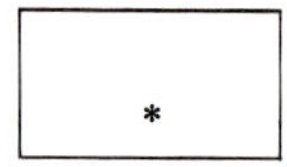

9.2 In Satz 1 und 3 wurden die **unterordnenden Konjunktionen** *obwohl* und *nachdem* gebraucht, in Satz 6 und 8 wurden die **nebenordnenden Konjunktionen** *außerdem* und *doch* verwendet.

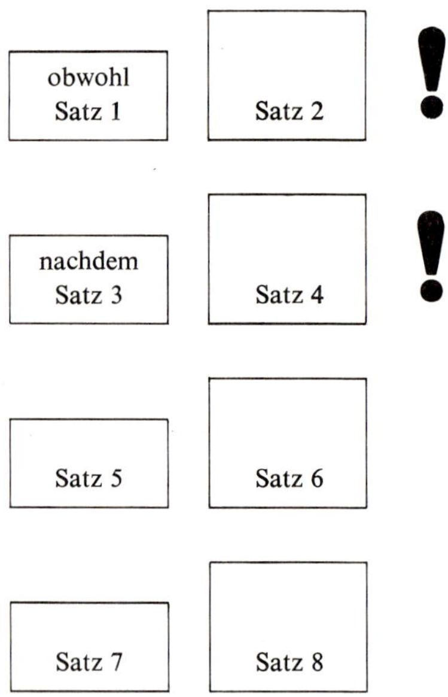

10.1 In die Sprechblase paßt die **Interjektion** „o!" oder „oh!"

10.2 Das unfreundliche Kind wird wohl „ätsch!" rufen.

10.3 Der Rabe wird wohl den Laut „krächz!" von sich geben.

11.1 Der Text der **zusammenfassenden Übung** enthält folgende **Wortarten:**

Text:	Wortart:
Die	bestimmter Artikel
Ameisen	Substantiv
In	Präposition
Hamburg	Substantiv (Eigenname)
lebten	Verb
zwei	Numerale
Ameisen,	Substantiv
die	Relativpronomen
wollten	Hilfsverb
nach	Präposition
Australien	Substantiv (Eigenname)
reisen.	Verb
Bei	Präposition
Altona	Substantiv (Eigenname)
auf	Präposition
der	bestimmter Artikel
Chaussee	Substantiv
da	Adverb
taten	Verb (zusammen mit Wortteil *weh*)
ihnen	Personalpronomen
die	bestimmter Artikel
Beine	Substantiv
weh,	Verb (zusammen mit Wortteil *taten*)
und	Konjunktion
da	Adverb
verzichteten	Verb
sie	Personalpronomen
weise	Adjektiv (als Adverb verwendet vgl. S. 41, 131)
dann	Adverb
auf	Präposition
den	bestimmter Artikel
letzten	Adjektiv (oder auch Numerale)
Teil	Substantiv
der	bestimmter Artikel
Reise.	Substantiv

11.2 Die Spielkameraden würden zusammen passen, wenn folgende Wörter (derselben Wortart) sich finden würden:

verstecken	– suchen	(*Verb*)
Wiese	– Strauch	(*Substantiv*)
der	– das	(*Artikel*)
hell	– bunt	(*Adjektiv*)
er	– sie	(*Pronomen*)
vier	– zwei	(*Numerale*)
sofort	– jetzt	(*Adverb*)
auf	– in	(*Präposition*)
aber	– und	(*Konjunktion*)
oh!	– juchhe!	(*Interjektion*)

12.1 Aus den aneinandergereihten Wörtern entsteht durch **Veränderung einiger Wörter** der sinnvolle Satz:

Ach, mein**e** neue Mütze lieg**t** dort in de**m** Schmutz und bekomm**t** viel**e** Fleck**en**.

Die Tabelle muß so ausgefüllt sein:

veränderliche Wörter	**(Wortart)**
mein	Pronomen
neu	Adjektiv
Mütze	Substantiv
liegen	Verb
der	Artikel
Schmutz	Substantiv
bekommen	Verb
viel	Numerale
Fleck	Substantiv

12.1

unveränderliche Wörter	**(Wortart)**
ach	Interjektion
dort	Adverb
in	Präposition
und	Konjunktion

12.2 Bei TuS FLEXIBILIA könnten die Spieler *überlegen* und *erfahren* gegenseitig ausgetauscht werden, da sie zwei verschiedenen **Wortarten** angehören können; beide Wörter lassen sich entweder als Adjektiv einsetzen (z.B. Er ist ein *erfahrener* und *überlegener* Spieler.) oder als Verb (z.B. Er *erfährt*, daß die Gegenmannschaft sehr stark spielt, und *überlegt*, auf welche Weise sie dennoch siegen können.).

Beim 1. FC INFLEXIBILIA könnten die Spieler *abseits* und *innerhalb* gegenseitig ausgetauscht werden, da auch sie zwei verschiedenen Wortarten angehören können; beide Wörter lassen sich entweder als Adverb einsetzen (z.B. Er steht *abseits;* der Ball liegt *außerhalb.*) oder als Präposition (z.B. Der Ball liegt *abseits* der Linie; der Spieler steht *außerhalb* des Spielfeldes.).

13.1 Die Baumstämme mit den eingetragenen **Wortstämmen** mit **Endung** sehen so aus:

schlag- -en spring- -en lauf- -en

13.2 Alle Verben haben im **Infinitiv** die Endung *-en* oder *-n*.

13.3 Die **Personalformen** des Verbs *schlagen* haben folgende **Person** und **Numerus:**

Personalform:	Person:	Numerus:
wir schlagen	1. Ps.	Pl.
er/sie/es schlägt	3. Ps.	Sg.
sie schlagen	3. Ps.	Pl.
du schlägst	2. Ps.	Sg.
ich schlage	1. Ps.	Sg.
ihr schlagt	2. Ps.	Pl.

13.4 Die Übersicht über die verschiedenen **Tempora** sieht nach Eintragung der fehlenden Begriffe so aus:

Einteilung der → Tempora nach: ↓	Dauer	Vollendung
Gegenwart	Präsens	Perfekt
Vergangenheit	Imperfekt	Plusquamperfekt
Zukunft	Futur I	Futur II

Die verschiedenen Tempora von *sie kommen* und *du lachst* lauten:

Präsens (Es geschieht jetzt.):
sie kommen
du lachst

Perfekt (Es ist jetzt vollendet.):
sie sind gekommen
du hast gelacht

Imperfekt (Es geschah einmal.):
sie kamen
du lachtest

Plusquamperfekt (Es war bereits früher vollendet.):
sie waren gekommen
du hattest gelacht

Futur I (Es wird in der Zukunft geschehen.):
sie werden kommen
du wirst lachen

Futur II (Es wird in der Zukunft vollendet sein.)
sie werden gekommen sein
du wirst gelacht haben

In dem Gespräch der alten Damen wurden die Verben in folgendem Tempus verwendet:

Verbformen mit passendem Personalpronomen:	**Tempus:**
es gab	Imperfekt
(sie) rollen	Präsens
(er) beeinträchtigt	Präsens
(sie) stören	Präsens
(es) stimmt	Präsens
(sie) verdirbt	Präsens
es wird aussehen	Futur I
ihr sagt	Präsens
(es) klingt	Präsens
ich glaube	Präsens
wir vergessen	Präsens
ihr erinnert euch	Präsens
(sie) brauchten	Imperfekt
wir überbrücken	Präsens
(er) rast	Präsens
er wird ankommen	Futur I

Im Streitgespräch der Jungen wurden die Verben in folgendem Tempus verwendet:

Verbformen mit passendem Personalpronomen:	**Tempus:**
ich hatte gesagt	Plusquamperfekt
wir schaffen	Präsens
wir verwenden	Präsens
(er) wird fliegen	Futur I
du hattest gesagt	Plusquamperfekt
(es) stimmt	Präsens
(er) wird steigen	Futur I
wir werden sehen	Futur I
du meinst	Präsens
wir warten	Präsens
er steigt	Präsens
wir werden gearbeitet haben	Futur II
sie haben verkauft	Perfekt
du hast gesagt	Perfekt

Die aus den einzelnen Silben entstandenen Verben heißen:

fahren	tragen
stemmen	schleppen
holen	halten

Die **starken Verben** lauten:

fahren
tragen
halten

Die **schwachen Verben** lauten:

stemmen
schleppen
holen

Nach dieser Kraftprobe sollst du noch ein kleines Geheimnis unserer Sprache erfahren: warum nämlich die schwachen Verben sich ausgerechnet von dem Buchstaben **t** bei der Bildung ihres Imperfekts unterstützen lassen. Dieser Buchstabe **t** ist der letzte Rest, der von dem Wort *tun* übriggeblieben ist, das man in früheren Zeiten zur Imperfektbildung zu Hilfe nahm. Man kann sich ein solches früheres Imperfekt am besten vorstellen, wenn man ausprobiert, wie denn heute eine Imperfektform mit Unterstützung durch das Wort *tun* aussehen könnte, z.B. *sie* **tat** *strikken, du* **tatst** stricken. Wenn man nun die konjugierte Form des Worts *tun* jeweils an das Ende des Verbs hängt (*sie stricken***tat**, *du stricken***tatst**) und die Worte recht schnell oder nachlässig spricht, dann ist man bald bei der heutigen Form unseres Imperfekts: Der Vokal **a** (von *tat* und *tatst*) wird in der Eile zu dem Vokal **e** abgeschwächt, die beiden Buchstaben **t** (**t***at* und **t***atst*) werden zu einem einzigen **t** zusammengezogen, die Infinitiv-Endung (*strick***en**) fällt fort, und die Verbformen heißen:

sie **tat** stricken
→ sie strickentat
sie strick~~en~~te~~t~~
→ sie strick**te**

du **tatst** stricken
→ du strickentatst
du strick~~en~~te~~t~~st
→ du strick**t**est

Auf solche und ähnliche Weise kann sich eine Sprache im Laufe von vielen Jahrhunderten verändern.

13.5 Wenn du Adleraugen hast, so ist die **passive Verbform** *wurde … gefällt* unterstrichen; denn ein anderer (der Geistliche) hat das Urteil gefällt.

Die Wegweiser mit der Aufschrift *lächeln* und *schreien* haben bei den **transitiven Verben** nichts zu suchen; denn es handelt sich um Verben, die nicht auf ein Ziel gerichtet, also **intransitiv** sind.

fragen ermuntern rufen anschreien

13.6 Die Mitteilung des Direktors würde nach Umwandlung des **Konjunktivs** in den **Indikativ** lauten:

Der Direktor gibt bekannt:

Ab sofort werden die Schulferien verlängert, schreibt man keine Klassenarbeiten mehr und gibt es keine Zeugnisse mehr!

35. Mai 1999

Der Imperativ von *geben* heißt im Singular: *gib!*, der von *nehmen: nimm!*

13.7 Folgende Tempora werden mit Hilfe des **Partizips** Perfekts gebildet:

Perfekt
Plusquamperfekt
Futur II

Das Passiv wird gebildet, indem man das Hilfsverb *werden* (in der gewünschten Tempusform) zum Partizip Perfekt hinzufügt.

13.8 **Zusammenfassende Übersicht** über die Ausdrucksmöglichkeiten der Verben:

Ein Verb kann ausdrücken:	Hierfür stehen zur Verfügung:	Sie heißen:
– wer etwas tut	3 Personen	1. Person 2. Person 3. Person
– wie viele etwas tun	2 Numeri	Singular Plural
– wann etwas geschieht	6 Tempora	Präsens Perfekt Imperfekt Plusquamperfekt Futur I Futur II
– ob jemand etwas selbst tut oder ob er es von einem anderen erleidet	2 Handlungsrichtungen (Genera Verbi)	Aktiv Passiv
– ob etwas tatsächlich oder möglicherweise geschieht oder ob es geschehen soll	3 Aussageweisen (Modi)	Indikativ Konjunktiv Imperativ

14.1 Die Interrogativpronomen *wer? wessen? wem? wen?* fragen beim **Deklinieren der Substantive** nicht nur nach dem **Singular**, sondern auch nach dem **Plural**.

14.2 Die Substantive *Vater*, *Mutter*, *Kind* werden dekliniert:

Vater	**Singular**	**Plural**	
Nominativ	(wer oder was?)	der Vater	die Väter
Genitiv	(wessen?)	des Vaters	der Väter
Dativ	(wem?)	dem Vater	den Vätern
Akkusativ	(wen oder was?)	den Vater	die Väter

Mutter	**Singular**	**Plural**	
Nominativ	(wer oder was?)	die Mutter	die Mütter
Genitiv	(wessen?)	der Mutter	der Mütter
Dativ	(wem?)	der Mutter	den Müttern
Akkusativ	(wen oder was?)	die Mutter	die Mütter

14.2

Kind	Singular	Plural	
Nominativ	(wer oder was?)	das Kind	die Kinder
Genitiv	(wessen?)	des Kindes	der Kinder
Dativ	(wem?)	dem Kind(e)	den Kinder**n**
Akkusativ	(wen oder was?)	das Kind	die Kinder

Da der Genitiv aller Formen (außer der femininen Form: Mutter) die Endung -*(e)s* aufweist und die Endung -*(e)n* ausschließlich im Dativ Plural auftritt, werden alle drei Substantive **stark** dekliniert. Bei den Wörtern *Vater* und *Mutter* deutet auch der **Umlaut** im Plural (Väter und Mütter) darauf hin, daß es sich um eine starke Deklination handeln muß.

14.3 Die berichtigten **Pluralformen der Substantive** müßten lauten:

(die Hand) – die Hände
(die Flut) – die Fluten
(der Mast) – die Masten
(das Nest) – die Nester

14.4 Die Wörter *Apfelsine*, *Schale*, *Schlitten* können ganz normal in den Plural gesetzt werden.
Die Wörter *Hunger*, *Schlaf*, *Schnee* gibt es **nur im Singular**, die Wörter *Ferien*, *Eltern*, *Leute* gibt es **nur im Plural**.
Solche Substantive sind jedoch nicht sehr zahlreich.

14.5 Die **Fremdwörter** bilden ihre Pluralformen so:

das Thema – die Them*en*
der Rhythmus – die Rhythm*en*
der Atlas – die Atlant*en*
das Album – die Alb*en*
das Museum – die Muse*en*
das Lexikon – die Lexik*a*
das Komma – die Kommat*a* oder
die *Kommas*
(eingedeutscht)

14.6 Die Sätze lauten mit eingesetzten Buchstaben:
„Leihst du mir heute dein*e* schön*e*, neu*e* Umhängetasche?"
„Aber laß sie nicht in de*m* voll*en* Bus liegen!"
Die Wörter *dein*, *schön*, *neu* und *Umhängetasche* stehen alle in der **Deklinationsform:** Akkusativ Singular, femininum (*wen oder was?*).
Die Wörter *der*, *voll* und *Bus* stehen alle in der Deklinationsform: Dativ Singular, maskulinum (*in wem?*)

14.7
Die Präposition **mit** müßte den Dativ regieren (Fragepronomen **wem**?). Der Text hieße dann: „Immer mit **der** Ruhe!"
Das Verb **anfassen** müßte den Akkusativ regieren (Fragepronomen wen oder was?). Der Text hieße dann: „Kannst du **mich** mal anfassen?"

15.1 **Subjekt und Prädikat** müßten in dem nachstehenden Text so unterstrichen sein:
Die Schnecke (nach Paul Keller) (Hier darf nichts unterstrichen sein, da es sich nicht um einen **Satz** handelt.)
An einem Bahndamm *wohnte* *eine Schnecke*. Alle Tage *schimpfte* *sie* über einen vorbeisausenden Schnellzug; denn *dieser* *störte* ihre

Zu Seite 97

Ruhe. „Das *treibe ich* ihm *aus!*" (Die Wortteile *treibe* und *aus* gehören zu dem *einen* **Verb** *austreiben.*) *murmelte die Schnecke.* Am nächsten Tag *hockte sie* zwischen den Gleisen. Bald *hörte sie* den Zug. Drohend *zeigte sie* ihre Fühler *und rief* grimmig: (Dieses Prädikat besteht aus **zwei Verben.**) „*Niederstoßen werde ich* ihn!" *Der Zug kam heran und brauste* über die Schnecke *hinweg.* (Auch dieses Prädikat besteht aus **zwei Verben**; außerdem könnte man das Wort *heran* mit dem Verb *kommen* als ein Wort betrachten: *herankommen;* dasselbe gilt für die Wörter *brausen* und *hinweg: hinwegbrausen.*)

Zu Seite 98–99

Die Schnecke sah den Davoneilenden. „*Der Schnellzug reißt aus*", (Die Wortteile *reißt* und *aus* gehören zu dem **einen** Verb *ausreißen.*) *brummte sie* mit Verachtung, „*er ist ein Feigling.*"

15.2 Die Sätze ergeben die **graphischen Darstellungen:**

(1)
(2)
(3)
(4)

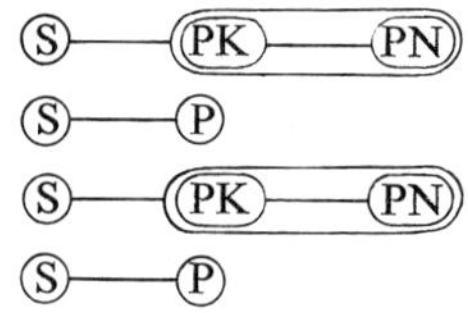

15.3 a) Das **Adjektiv** hat **als Prädikatsnomen keine Endung!**

☐ es hat eine Endung
X es hat keine Endung

b) Das **Substantiv** steht **als Prädikatsnomen im Nominativ!**

X im Nominativ
☐ im Genitiv
☐ im Dativ
☐ im Akkusativ

c) Das Prädikat steht im 4. Satz im Perfekt, zu dessen Bildung das Hilfsverb *sein* zu Hilfe genommen wird.

☐ im Präsens
X im Perfekt
☐ im Imperfekt
☐ im Plusquamperfekt
☐ im Futur I
☐ im Futur II

15.4 Dies ist die ausgefüllte Tabelle; sie zeigt, welche **Wortarten** jeweils für **Subjekt** und **Prädikat** verwendet werden.

Wortart	Text	Satzglied
bestimmter Artikel	Die	Subjekt
Substantiv	Schnecke	Subjekt
Hilfsverb	ist	Prädikatskern
Adjektiv	selbstbewußt.	Prädikatsnomen
bestimmter Artikel	Der	Subjekt
Substantiv	Zug	Subjekt
Vollverb	kommt.	Prädikat
Personalpronomen	Er	Subjekt
Hilfsverb	ist	Prädikatskern
unbestimmter Artikel	ein	Prädikatsnomen
Substantiv	Feigling.	Prädikatsnomen
bestimmter Artikel	Der	Subjekt
Substantiv	Zug	Subjekt
Hilfsverb	ist	Prädikat
Verb	vorübergefahren.	Prädikat

15.5 Die **Prädikate** der Sätze werden so graphisch dargestellt:

Die Wanderer sind müde.

Müde ist ein Adjektiv.

Sie sind stehengeblieben.

Das Verb *stehenbleiben* steht hier im Perfekt.

Die Sonne ist fortgegangen.

Das Verb *fortgehen* steht hier im Perfekt.

Das Wetter ist kühl.

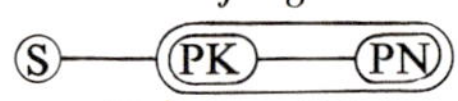

Kühl ist ein Adjektiv.

Das Ziel war ein Gasthof.

Gasthof ist ein Substantiv.

Ein Wanderer war vorausgeeilt.

Das Verb *vorauseilen* steht hier im Plusquamperfekt.

Die anderen waren nachgekommen.

Das Verb *nachkommen* steht hier im Plusquamperfekt.

Das Gasthof war gemütlich.

Gemütlich ist ein Adjektiv.

15.6 Der Zusatztext hat folgende **Kommas:** Die Schnecke ist weder ängstlich noch schüchtern. (In diesem Satz werden zwei Prädikatsnomen – *ängstlich* und *schüchtern* – aufgezählt; wegen der Konjunktion *weder – noch* enthält der Satz jedoch kein Komma.) Sie schimpft, und die Blumen, Gräser und Steine hören zu. (Hinter dem Wort *schimpft* steht ein Komma, da hier zwei Hauptsätze aneinandergereiht werden, Regel 2; hinter dem Wort *Blumen* steht ein Komma, da hier mehrere Subjekte aufgezählt werden, Regel 1. Hinter dem Wort *Gräser* steht kein Komma wegen der Konjunktion *und.*) Der Zug naht. Die Grasstengel wanken, die Blumenblätter wehen, aber die Steine sind unbeweglich. (Hinter den Wörtern *wanken* und *wehen* steht jeweils ein Komma, weil hier Hauptsätze aneinandergereiht sind, Regel 3.)

16.1 Im Lied von Jockel enthält die letzte Strophe viele **Akkusativ-Objekte;** sie sind so richtig unterstrichen:

Da geht der Herr nun selbst hinaus
und macht gar bald ein End daraus.
Der Teufel holt den Henker nun,
der Henker hängt den Schlächter nun,
der Schlächter schlacht den Ochsen nun,
der Ochse säuft das Wasser nun,
das Wasser löscht das Feuer nun,
das Feuer brennt den Prügel nun,
der Prügel schlägt den Pudel nun,
der Pudel beißt den Jockel nun,
der Jockel schneidt den Hafer nun
und kommt auch gleich nach Haus.

Und in der Charlie-Brown-Geschichte kannst du *8mal wen oder was?* fragen, nämlich bei den unterstrichenen Wörtern:

Sorgen – mein Land – dein Land – dich – mich – einen Brieffreund – eine Menge – Briefeschreiben

Da bei **rückbezüglichen Verben** das Reflexivpronomen nicht als gesondertes Objekt empfunden wird, kann für solche Sätze die Abkürzung **O** (für Objekte) gestrichen werden. Da sich ein reflexives Verb auf das Subjekt zurückbezieht, könnte die Graphik aussehen:

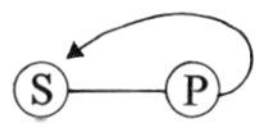

16.2 Die **Dativ-Objekte** müssen so unterstrichen sein:

„Was fällt *dir* ein? Du hast *mir* mein Jo-Jo weggenommen!“ „Ich hab’ es *mir* geliehen.“ „*Dir* werde ich es zeigen! Gib es *mir* zurück! Ich rat’ es *dir!*“

Die Satzkette lautet mit eingesetztem Artikel:

So trifft man sich

Die Untermieterin	begegnet *der* Nachbarin.
Die Nachbarin	begegnet *der* Zeitungsfrau.
Die Zeitungsfrau	begegnet *dem* Milchmann.
Der Milchmann	begegnet *dem* Postboten.
Der Postbote	begegnet *dem* Heizungsmonteur.
Der Heizungsmonteur	begegnet *dem* Hausmeister.
Der Hausmeister	begegnet *der* Untermieterin.

Die eingesetzten Artikel gehören zum **Dativ-Objekt**.

16.3 Der Text mit unterstrichenen **Genitiv-Objekten** lautet:

Vor Gericht

Der Angeklagte ist *des Diebstahls* überführt und harrt *des Urteils.* Er schämt sich *seiner*

Tat. Der Angeklagte bedarf *eines Verteidigers.* Der Richter waltet *seines Amtes.*

Wenn die Genitiv-Objekte eingesetzt sind, hat der Text den Wortlaut:

Der Sieg
Die Siegerin freut sich *ihres Sieges.* Ruhmesrausch bemächtigt sich *ihrer*, und sie rühmt sich *ihrer Leistung.*

16.4 Die **Verben mit der passenden Präposition** und dem zugehörigen Fragepronomen lauten:

Fragepronomen: *wonach?*

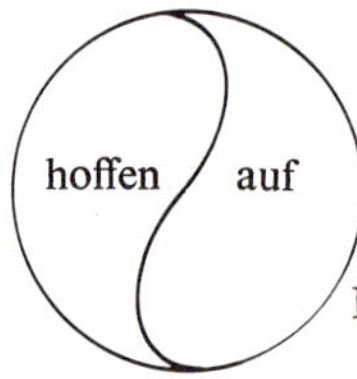

Fragepronomen: *worauf?*

Fragepronomen: *worüber?*

teilnehmen an

Fragepronomen: *woran?*

So sind die **präpositionalen Objekte** richtig unterstrichen:

Der kleine Fachmann
Die Briefwaage klemmt. Hanno sucht *nach der Ursache* und vertieft sich *in die Reparatur.* Richard interessiert sich *für Technik* und achtet *auf die Handgriffe.* Beide freuen sich *über den Erfolg.*

16.5 Zu den Sätzen über Vater und Sohn gehören die graphischen Darstellungen:

①
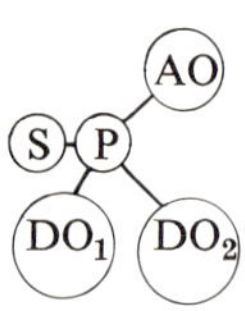

②
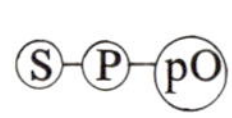

⑤
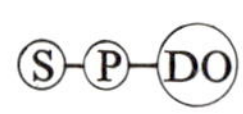

③
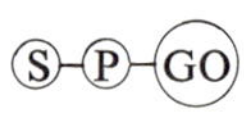

⑥
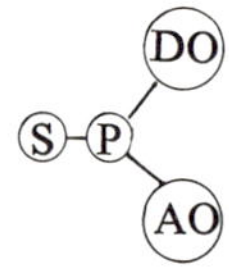

Zu den Mustern und vorgegebenen Wörtern passen die Sätze:

(1) Der Onkel füllt das Sparschwein.
(2) Keiner verrät dem anderen den Plan.
(3) Das Sparschwein bedarf eines Wächters.
(4) Das Sparschwein verlockt den Vater zu einer Heimlichkeit.
(5) Der Vater wundert sich über das Sparschwein.
(6) Der Sohn bringt dem Vater die Erklärung.

17.1 Frage der Polizisten:	Die Frage betrifft den **Umstand:**
„Warum eilen Sie so?"	Grund
„Woher kommen Sie?"	Ort
„Wann sind Sie dort fortgegangen?"	Zeit
„Wie sind Sie hierher gekommen?"	Art und Weise
„Wo wohnen Sie?"	Ort
„Womit können Sie sich ausweisen?"	Mittel
„Wozu haben Sie so viel Geld bei sich?"	Zweck

	Die vorkommende adverbiale Bestimmung ist eine **adverbiale Bestimmung** des/der:
Trotz ihrer Fragen ist der Mann gelassen.	Einräumung
Zu ihrer Überraschung überzeugen seine Antworten.	Folge
Bei Bestätigung seiner Angaben wird die Sache erledigt sein.	Bedingung (oder Zeit)

17.2 So sind die **Satzglieder** richtig bestimmt und **graphisch** richtig dargestellt:

Wenn die Eltern verreist sind ...

S P aBZ aBZw aBO

Die Eltern sind gestern zur Erholung in den Urlaub gefahren.

wer oder was? – *die Eltern* (S)
was wird von den Eltern ausgesagt? – *sind gefahren* (P)
wann? – *gestern* (aBZ)
wohin? – *in den Urlaub* (aBO)
zu welchem Zweck? – *zur Erholung* (aBZw)

S P aBG aBAW pO

Der Älteste sorgt daher stolz für die Geschwister.

wer oder was? – *der Älteste* (S)
was wird von dem Ältesten ausgesagt? – *sorgt* (*für*) (P)
für wen sorgt er? – *für die Geschwister* (pO)
warum? – *daher* (aBG)
wie? – *stolz* (aBAW) (Dieses Adverb ist von einem Adjektiv abgeleitet.)

Zu Seite 128

aBAW P S AO

Mit Eifer bereitet er das Mittagessen.

wer oder was? – *er* (S)
was wird von ihm ausgesagt? – *bereitet* (P)
wen oder was? – *das Mittagessen* (AO)
auf welche Weise? – *mit Eifer* (aBAW)
(Diese adv. Bestimmung könnte man auch als adv. Bestimmung des Mittels verstehen; man würde dann fragen: womit?)

Zu Seite 129

a BF P DO S

Zu seiner Enttäuschung mißlingt ihm manches.

wer oder was? – *manches* (S)
was wird von manchem ausgesagt? – *mißlingt* (P)
wem? – *ihm* (DO)
mit welcher Folge? – *zu seiner Enttäuschung* (aBF)

aBE P S DO aBAW

Trotzdem schmeckt es den anderen gut.

wer oder was? – *es* (S)
was wird von ihm ausgesagt? – *schmeckt* (P)
wem? – *den anderen* (DO)
wie? – *gut* (aBAW)
trotz welcher Voraussetzung? – *trotzdem* (aBE)

17.3

Die präpositionalen Ausdrücke werden verwendet als:		pO	aB
Der Kapitän verläßt sich	*auf die Seekarte.*	×	
Er schreibt Zahlen	*auf die Seekarte.*		×
Der Steuermann beschäftigt sich	*mit dem Kompaß.*	×	
Er bestimmt die Himmelsrichtung	*mit dem Kompaß.*		×
Der Funker übermittelt einen Funkspruch	*an den Hafen.*		×
Der Matrose denkt	*an den Hafen.*	×	

Zu Seite 131

17.4

Das **Adjektiv** wird verwendet als:		PN	aB
Ich bin	*zufrieden.*	×	
Ich pfeife	*zufrieden.*		×
Du lernst	*fleißig.*		×
Du bist	*fleißig.*	×	
Er/sie ist	*lustig.*	×	
Er/sie erzählt	*lustig.*		×
Wir sind	*zuversichtlich.*	×	
Wir planen	*zuversichtlich.*		×
Ihr lächelt	*glücklich.*		×
Ihr seid	*glücklich.*	×	
Sie sind	*freundlich.*	×	
Sie grüßen	*freundlich.*		×

Zu Seite 136-137

18.1 **Adjektive,** die **als Attribut** verwendet werden, erkennt man an ihrer äußerem Form: Sie werden **dekliniert,** d. h. sie haben eine **Endung.** (Adjektive, die als Prädikatsnomen oder als adverbiale Bestimmung vorkommen, werden nicht dekliniert.)

Beispiel:

Adjektiv als Attribut:
Die *helle* Lampe brennt.

Adjektiv als Prädikatsnomen:
Die Lampe ist *hell.*

Adjektiv als adverbiale Bestimmung:
Die Lampe brennt *hell.*

18.2

Das **Substantiv im Genitiv** wird verwendet als:			GA	GO
Der Arzt bedient sich	*der Notlüge.*			×
Der Inhalt	*der Notlüge*	beruhigt den Todkranken.	×	
Der Verzweifelte bedarf	*des Zuspruchs.*			×
Durch die Wirkung	*des Zuspruchs*	wird er gelassen.	×	
Trotz der Gewissensbisse schämt er sich	*der Notlüge*	nicht.		×
Er denkt oft über die Probleme	*der Notlüge*	nach.	×	

18.3

Der **präpositionale Ausdruck** wird verwendet als:	pA	aB	PO
Der Bergsteiger fürchtet sich *vor dem Gewitter.*			×
Die Luft *vor dem Gewitter* ist schwül.	×		
Die Luft ist *vor dem Gewitter* schwül.		×	
Die Wissenschaftler suchen *nach einer Entdeckung.*			×
Die Zufriedenheit *nach einer Entdeckung* ist groß.	×		
Die Zufriedenheit ist *nach einer Entdeckung* groß.		×	
Das Spiel *mit den Würfeln* macht den Kindern Spaß.	×		
Man muß *mit den Würfeln* eine hohe Punktzahl erreichen.		×	
Die Kinder spielen *mit den Würfeln.*			×

18.4 Die Fehler bei den **Appositionen** werden so verbessert:

Otto, unser Briefträger, muß täglich viele Treppen steigen. (Kein Fehler; die Apposition steht – wie das Subjekt, zu dem sie gehört – im Nominativ.)

Das Gewicht seiner Tasche, de*s* dicke*n* Postbehälter*s*, ist groß. (Die Apposition muß – wie das Genitiv-Attribut, zu dem sie gehört – im Genitiv stehen.)

Manchmal muß er dem Schäferhund, de*m* scharfe*n* Wachhund, ausweichen. (Die Apposition muß – wie das Dativ-Objekt, zu dem sie gehört – im Dativ stehen.)

Bei besonderen Anlässen vertritt er Willi, sein*en* Kolleg*en*. (Die Apposition muß – wie das Akkusativ-Objekt, zu dem sie gehört – im Akkusativ stehen.)

19.1

①
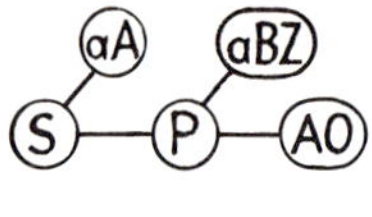

②
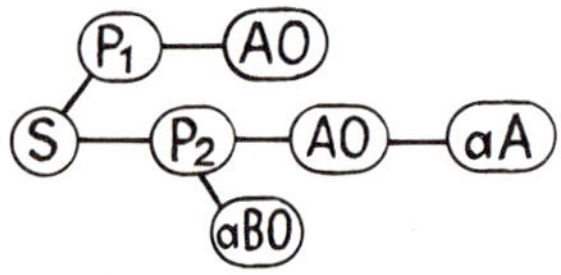

③
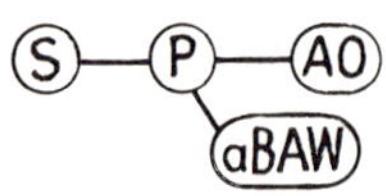

④
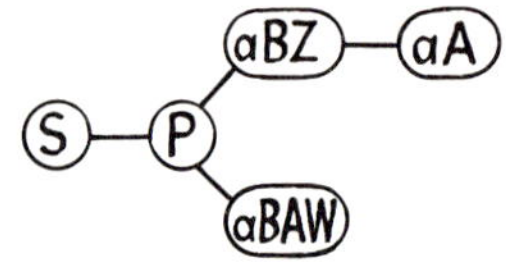

⑤
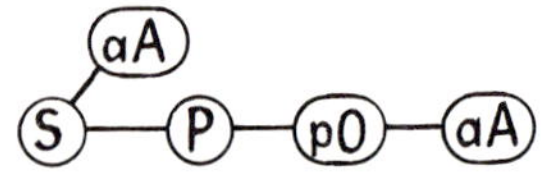

⑥
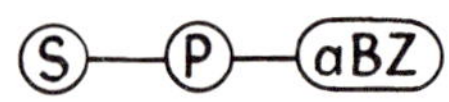

Zu Seite 145

19.2

①
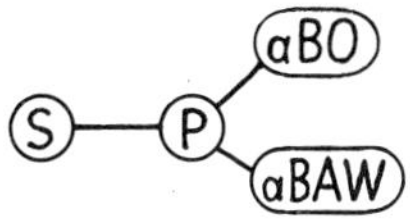

②
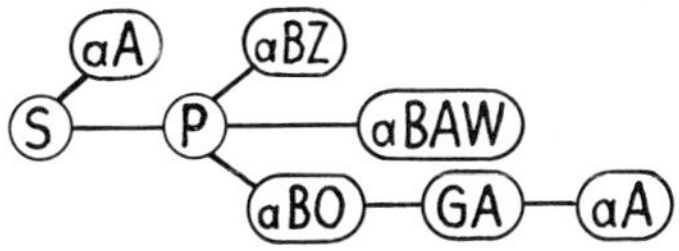

③
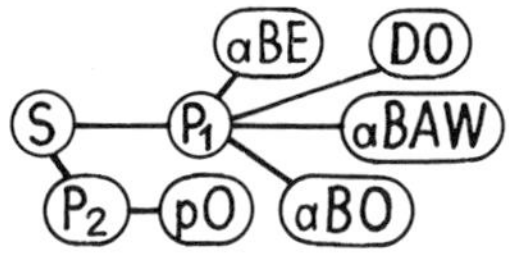

④
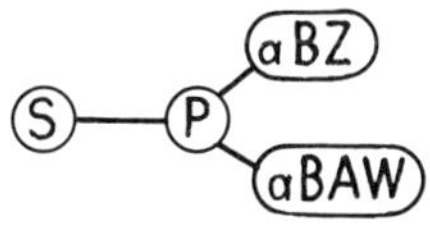

⑤
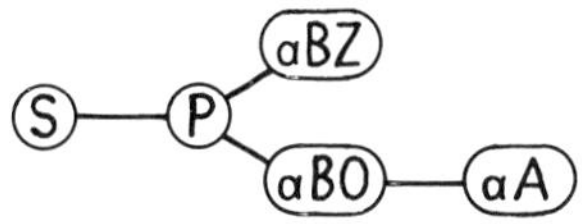

19.3

①
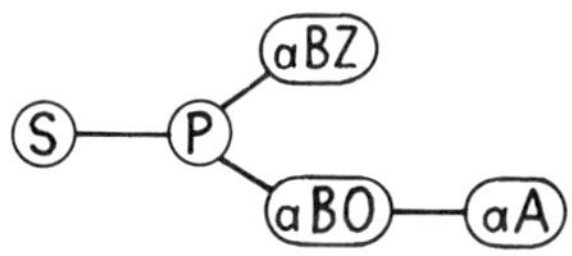

②
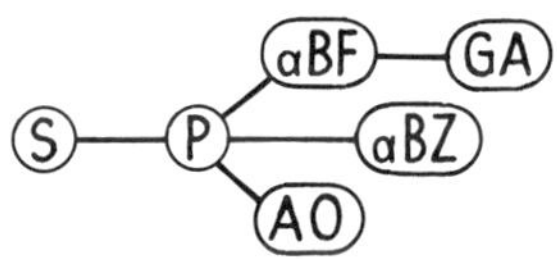

③
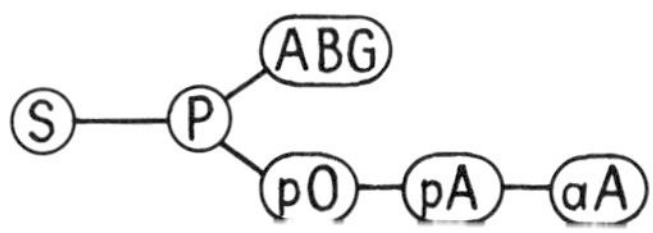

④
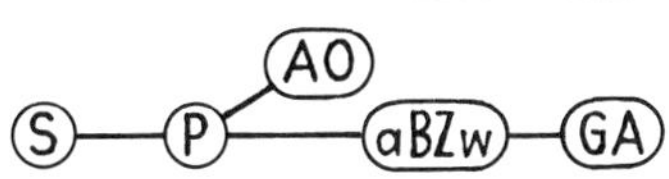

Zu Seite 146

⑤
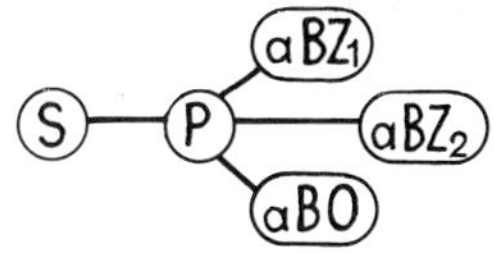

19.4

①
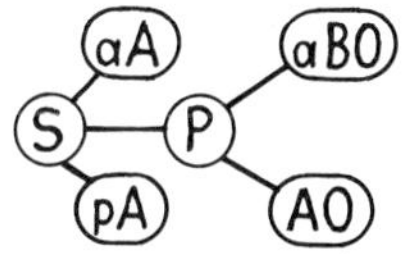

②
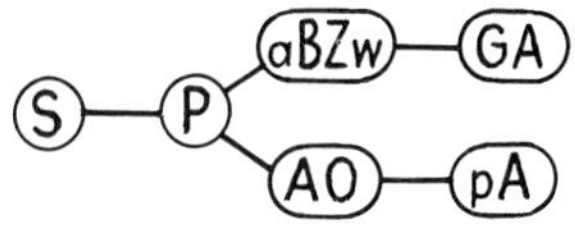

③
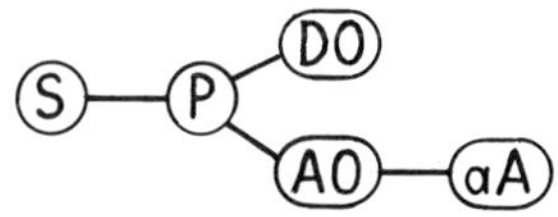

④
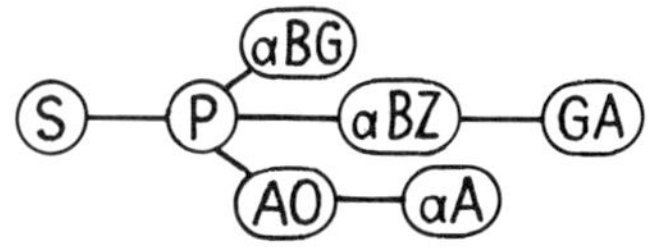

⑤
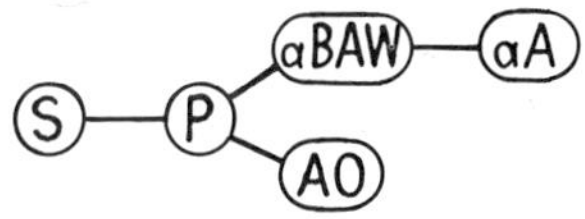

⑥
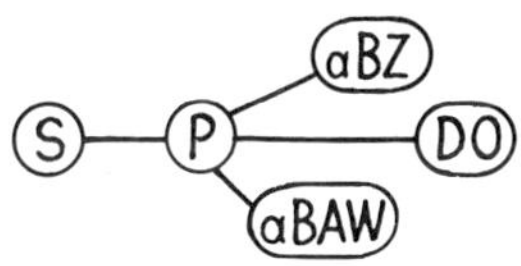

⑦
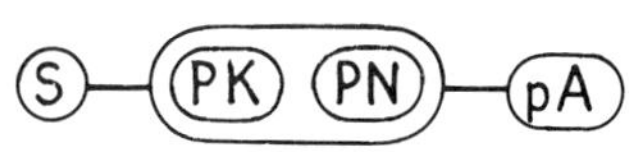

⑧
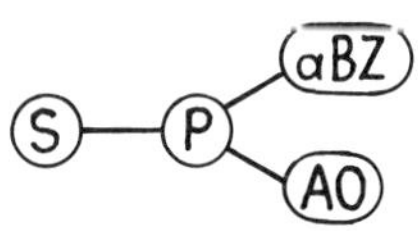

Zu Seite 147

19.5

①
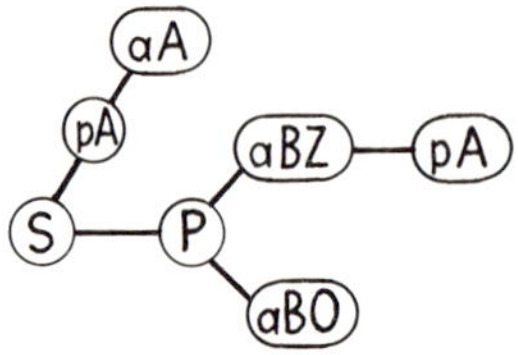

②

③
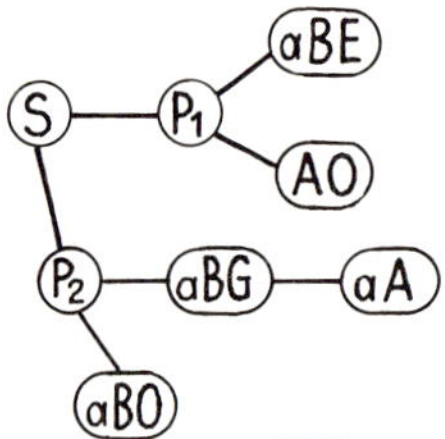

④
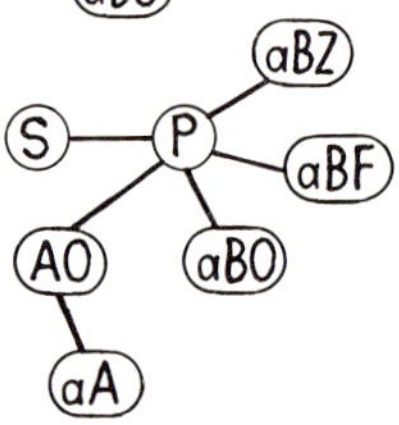

⑤
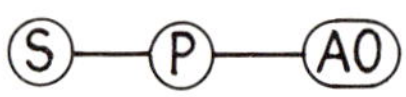

⑥
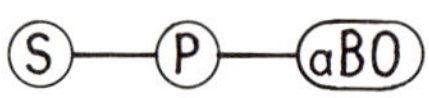

⑦
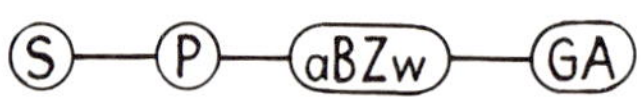

⑧
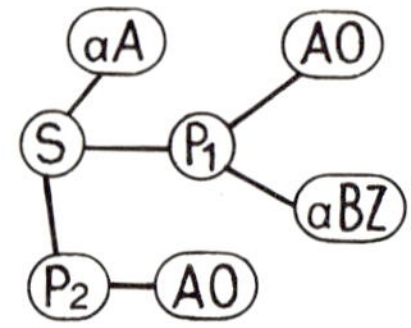

⑨
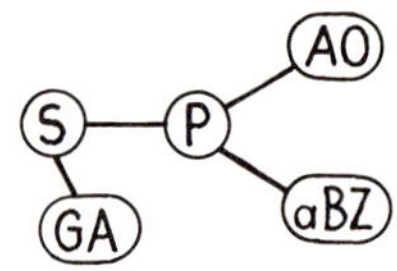

⑩
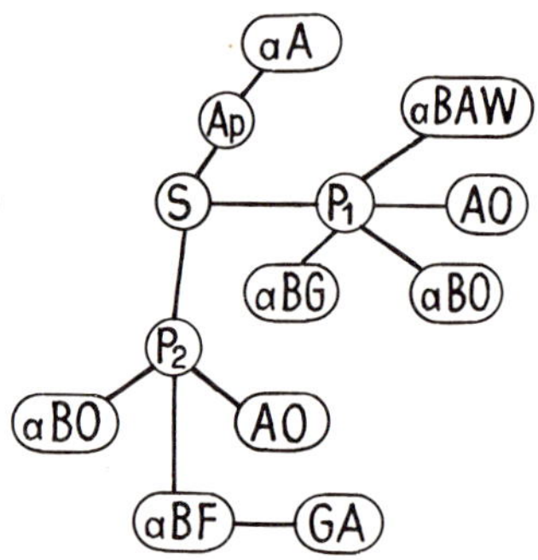

⑪
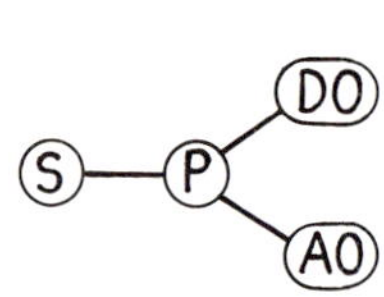

20.1 Die Zeichensetzung ist gar nicht schwer,	Hauptsatz
wenn man die Grundzüge der deutschen Grammatik verstanden hat.	Adverbialsatz der Bedingung: unter welcher Bedingung?
Da Gliedsätze entfaltete Satzglieder sind,	Adverbialsatz des Grundes: warum?
kann man sie mit den bekannten Satzglied-Fragen gut erkennen.	Hauptsatz
Sätze, . . ., sehen ungewöhnlich aus,	Hauptsatz
in denen die Satzzeichen fehlen.	Attributsatz: was für ein?
Nachdem man die fehlenden Satzzeichen eingesetzt hat,	Adverbialsatz der Zeit: wann?
sehen sie „richtig“ aus.	Hauptsatz
Wer bei dieser Übung keine Schwierigkeiten hat,	Subjektsatz: wer oder was?
sollte sofort zum Spielen gehen.	Hauptsatz: (Im Hauptsatz muß das Subjekt fehlen, da es im Subjektsatz steckt.)
Bald haben wir genug gelernt, und wir verdienen den Ehrentitel „Fachmann der deutschen Grammatik“.	Zwei Hauptsätze.
20.2 Lerne dich freuen, denn Freuen ist eine ernste Sache.	Zwei Hauptsätze
Enthaltsamkeit ist ein Vergnügen an Dingen,	Hauptsatz
welche wir nicht kriegen.	Attributsatz: was für ein?
Um an die Quelle zu kommen,	Adverbialsatz des Zweckes: zu welchem Zweck?
muß man gegen den Strom schwimmen.	Hauptsatz

Zu Seite 155–156

Dir ist nichts unmöglich,	Hauptsatz
wenn du nur willst.	Adverbialsatz der Bedingung: unter welcher Bedingung?
Schwachheiten schaden nicht mehr,	Hauptsatz
sobald wir sie kennen.	Adverbialsatz der Zeit: wann?
Wer sich heute freuen kann,	Subjektsatz: wer oder was?
soll nicht warten bis morgen.	Hauptsatz
Es gibt Leute,	Hauptsatz
die nur aus dem Grund in jeder Suppe ein Haar finden,	Attributsatz: was für ein?
weil sie, . . ., so lange den Kopf schütteln,	Adverbialsatz des Grundes: warum?
wenn sie davor sitzen,	Adverbialsatz der Zeit: wann?
bis eines hineinfällt.	Adverbialsatz der Zeit: bis wann? (In diesem Satzgefüge gibt es Gliedsätze, die nicht von einem Hauptsatz abhängen, sondern von Gliedsätzen abhängen!)

20.3 **Der verlegene Magistrat** (nach Heinrich von Kleist)

Ein Stadtsoldat hatte kürzlich die Stadtwache verlassen,	Hauptsatz
obwohl er dazu nicht die Erlaubnis seines Offiziers hatte.	Gliedsatz Adverbialsatz der Einräumung: trotz welcher Voraussetzung?
Nach einem uralten Gesetz steht auf ein solches Verbrechen, ... , eigentlich die Todesstrafe,	Hauptsatz
das aus politischen Gründen offiziell schwer geahndet werden mußte.	Gliedsatz Attributsatz: was für ein?
Da jedoch insgeheim jedes Magistratsmitglied dieses Strafmaß als zu hoch empfand,	Gliedsatz Adverbialsatz des Grundes: warum?
ist davon seit vielen Jahrhunderten kein Gebrauch gemacht worden.	Hauptsatz

Zu Seite 155–156

Wer wegen dieses Verbrechens verurteilt worden war,	Gliedsatz Subjektsatz: wer oder was?
wurde zu einer Geldzahlung aufgefordert,	Hauptsatz
so daß er jedenfalls einen Denkzettel bekam.	Gliedsatz Adverbialsatz der Folge: mit welcher Folge?
Der besagte Kerl aber erklärte,	Hauptsatz
daß er dem Gesetz gemäß sterben wolle,	Gliedsatz Objektsatz im Akkusativ wen oder was?
weil es ihm nun einmal zukomme.	Gliedsatz Adverbialsatz des Grundes: warum?
Der Magistrat machte ihm klar,	Hauptsatz
daß die Geldstrafe für ihn vorteilhafter als die Todesstrafe sei.	Gliedsatz Objektsatz im Akkusativ wen oder was?
Doch der Kerl sagte,	Hauptsatz
daß er seines Lebens müde sei und daß er sterben wolle.	Gliedsatz Zwei Objektsätze im Akkusativ: wen oder was? (Zwischen diesesn beiden Gliedsätzen steht kein Komma, da sie aufgezählt werden. Es gilt Zeichensetzungsregel 1; vgl. auch Seite 145.)
So blieb dem Magistrat, ... , nichts anderes übrig:	Hauptsatz
der kein Blut vergießen wollte,	Gliedsatz Attributsatz was für ein?
Er ließ dem Schelm die Geldstrafe	Hauptsatz
und war noch froh,	

als dieser ihm mitteilte,	Gliedsatz Adverbialsatz der Zeit: wann?
daß er unter diesen Umständen am Leben bleiben wolle.	Gliedsatz Objektsatz im Akkusativ wen oder was?
Wo ein Schelm am Werke ist,	Gliedsatz Adverbialsatz des Ortes: wo?
hat der Rechtschaffene es schwer....	Hauptsatz
Und wenn der Rechtschaffene unter allen Umständen rechtschaffen bleiben will,	Gliedsatz Adverbialsatz der Bedingung unter welcher Bedingung?
trägt wohl so manches Mal der Schelm den Sieg davon.	Hauptsatz